Mademoiselle Fifi

Guy de Maupassant

Writat

Cette édition parue en 2023

ISBN : 9789358810905

Publié par
Writat
email : info@writat.com

Préface

Guy de Maupassant

Guy de Maupassant est né au château de Miromesnil , près de Dieppe, le 5 août 1850. Les Maupassant étaient une vieille famille lorraine installée en Normandie au milieu du XVIIIe siècle. Son père avait épousé en 1846 une demoiselle de la riche bourgeoisie, Laure Le Poittevin . Avec son frère Alfred, elle avait été la camarade de jeu de Gustave Flaubert, fils d'un chirurgien rouennais, destiné à exercer une influence déterminante sur la vie de son fils. C'était une femme aux réalisations littéraires peu communes, très friande de classiques, en particulier de Shakespeare. Séparée de son mari, elle a gardé ses deux fils, Guy et son jeune frère Hervé .

Jusqu'à l'âge de treize ans, Guy vécut avec sa mère à Etretat , dans la villa des Verguies , où, entre mer et campagne luxuriante, il se passionna pour la nature et les sports de plein air ; il allait pêcher avec les pêcheurs de la côte et parlait patois avec les paysans. Il était profondément dévoué à sa mère. Il entre d'abord au séminaire d' Yvetot , mais parvient à se faire expulser à cause d'une peccadille de poésie précoce. Dès ses premières études religieuses , il conserva une hostilité marquée à l'égard de la religion. Puis il fut envoyé au lycée de Rouen, où il se révéla un bon érudit, s'adonnant à la poésie et prenant une part importante au théâtre. La guerre de 1870 éclata peu après qu'il eut obtenu son diplôme universitaire ; il s'est enrôlé comme volontaire et s'est battu vaillamment. Après la guerre, en 1871, il quitte la Normandie et vient à Paris où il passe dix ans comme commis au ministère de la Marine. Durant ces dix années fastidieuses, sa seule récréation était de faire du canoë sur la Seine les dimanches et jours fériés. Gustave Flaubert le prend sous sa protection et agit comme une sorte de gardien littéraire, guidant ses débuts dans le journalisme et la littérature. Chez Flaubert, il se lie d'amitié avec le romancier russe Tourgueneff et Emilie Zola, ainsi qu'avec de nombreux protagonistes de l'école réaliste. Il a écrit de nombreux vers et de courtes pièces de théâtre. En 1878, il fut muté au ministère de l'Instruction publique et devint rédacteur en chef de plusieurs grands journaux tels que Le Figaro, le Gil Blas, le Gaulois et l'Echo de Paris. Il consacrait son temps libre à l'écriture de romans et de nouvelles. En 1880, il publie son premier chef-d'œuvre, "Boule de Suif ", qui rencontre un succès instantané et immense. Flaubert le qualifiait de « un chef-d'œuvre qui restera ».

La décennie 1880-1891 fut la période la plus féconde de la vie de Maupassant. Rendu célèbre par sa première nouvelle, il travaille avec méthode et réalise deux et parfois quatre volumes par an. Par un privilège de la nature et son origine normande, il allie talent et sens pratique des affaires, ce qui lui apporte richesse et richesse. En 1881, il publie son premier volume de nouvelles sous le titre de « La Maison Tellier » ; il atteint sa douzième édition en deux ans ; en 1883, il achève son premier roman « Une Vie », dont vingt-cinq mille exemplaires sont vendus en moins d'un an. La Gloire et la Fortune lui souriaient. Dans ses romans, il concentre toutes ses observations dispersées dans ses nouvelles. Son deuxième roman « Bel Ami », paru en 1885, connut trente-sept éditions en quatre mois. Son éditeur, Havard , lui commanda d'écrire de nouveaux chefs-d'œuvre et, sans le moindre effort, sa plume produisit de nouveaux chefs-d'œuvre de style, de description, de conception et de pénétration[*]. Avec une aversion naturelle pour la société, il aimait la retraite, la solitude et la méditation. Il voyagea beaucoup en Algérie, en Italie, en Angleterre, en Bretagne, en Sicile, en Auvergne et rapportait de chaque voyage un nouveau volume. Il a navigué sur son yacht privé "Bel Ami", du nom de l'un de ses premiers chefs-d'œuvre. Cette vie fébrile ne l'empêche pas de se lier d'amitié parmi les célébrités littéraires de son époque : Dumas fils avait pour lui une affection paternelle ; à Aix-les-Bains il rencontre Taine et tombe sous le charme du philosophe-historien. Flaubert continue à être son parrain littéraire. Son amitié avec les Goucourt fut de courte durée ; sa nature franche et pratique réagissait à l'ambiance de commérages, de scandales, de duplicité et de critiques désobligeantes que les deux frères avaient créée autour d'eux sous les traits d'un salon de style XVIIIe siècle . Il détestait la comédie humaine, la farce sociale.

Dans ses dernières années, il développa un amour exagéré pour la solitude, une prédilection pour la conservation et, pire encore, une peur constante de la mort et une manie de persécution, qui parcouraient comme un fil noir tous ses écrits et amenèrent progressivement la catastrophe tragique finale . .— Il devint fou en 1891 et mourut en 1893 sans avoir retrouvé la raison.

La vie, le mouvement, l'observation pénétrante[*] et l'hypersensibilité, tant artistique que physique, sont les traits dominants de ce phénomène littéraire. Son ascension vers la gloire fut aussi vertigineuse que sa chute et sa déchéance. Comme romancier, il a peut-être ses égaux et ses supérieurs, mais comme nouvelliste, à l'exception de Charles Nodier et d'Alphonse Daudet, il n'en a pas eu.

La bibliothèque Happy Hour

[*][Note de Brett : L'original utilise " pénétration " et " pénétration " mais je n'ai trouvé ce mot nulle part, j'ai donc supposé qu'il s'agissait d'une erreur typographique.]

Mademoiselle Fifi

Le commandant prussien, le major Graf von Farlsberg , terminait la lecture de son courrier, confortablement assis dans un grand fauteuil en tapisserie, les pieds bottés reposant sur l'élégant marbre de la cheminée sur laquelle, depuis trois mois qu'il occupait Au château d'Uville , ses éperons avaient tracé deux sillons profonds, s'approfondissant chaque jour.

Une tasse de café fumait sur un guéridon marqueté, taché de liqueur, brûlé par les cigares, encoché par le canif de l'officier conquérant qui, tout en aiguisant son crayon, s'arrêtait parfois et traçait sur le marbre des monogrammes ou des dessins au gré de sa fantaisie. de son rêve indolent.

Après avoir fini ses lettres et lu les journaux allemands que son ordonnance lui avait apportés, il se leva, jeta au feu trois ou quatre énormes morceaux de bois vert, car ces messieurs abattaient peu à peu les arbres de la région. se garer pour se réchauffer et se dirige vers la fenêtre. La pluie tombait, une vraie pluie normande qu'on aurait cru déchaînée et déversée par une main furieuse, une pluie oblique, épaisse comme un rideau, formant une sorte de mur à rayures obliques, une pluie qui fouettait, éclaboussait, a tout inondé, une pluie particulière aux environs de Rouen, cet arrosoir de la France.

L'officier regarda longuement la pelouse inondée, et là-bas l' Andilles gonflée et qui débordait ; et avec ses doigts il tambourinait sur la vitre une valse rhénane, lorsqu'un bruit le fit se retourner ; c'était son commandant en second, le baron von Kelweingstein , titulaire d'un grade équivalent à celui de capitaine.

Le Major était un géant, aux larges épaules, orné d'une barbe blonde en éventail, qui descendait sur sa poitrine et formait un plastron. Toute sa personne, grande et solennelle, évoquait l'image d'un paon militaire, un paon qui porterait la queue déployée sur le menton. Il avait les yeux bleus, froids et doux ; une joue portant la cicatrice d'un coup d'épée infligé pendant la guerre d'Autriche ; et on disait de lui qu'il était un homme au bon cœur ainsi qu'un officier courageux.

Petit, au visage rouge, corpulent, ceinturé, le capitaine portait, coupés presque ras, ses cheveux roux dont les filaments de feu, sous le reflet de certaines lumières, pouvaient donner l'impression que son visage avait été frotté de phosphore. . Deux dents perdues dans une orgie nocturne et une bagarre, dont il ne se souvenait plus exactement maintenant, lui faisaient cracher des mots indistincts qu'on ne pouvait pas toujours comprendre. Il n'était chauve que sur le dessus de la tête, comme un moine tonsuré, avec une coupe de cheveux courts et bouclés, dorés et brillants, autour de ce cercle de chair nue.

Le commandant a serré la main et a avalé sa tasse de café (la sixième depuis ce matin), tout en écoutant le rapport de son subordonné sur les incidents et les événements du service. Puis tous deux revinrent près de la fenêtre et déclarèrent que leur groupe n'était pas très gai. Le Major, homme tranquille, marié et ayant laissé sa femme au foyer, s'adapterait à tout ; mais le baron capitaine, habitué à mener une vie rapide, patron des petites stations balnéaires, chasseur sauvage de femmes peu recommandables, était furieux d'avoir été enfermé depuis trois mois dans la chasteté obligatoire de ce poste écarté.

Bientôt, ils entendirent un grattement sur la porte ; le commandant dit : « Entrez », et un homme, un de leurs soldats automates, apparut dans l'ouverture, annonçant par sa simple présence que le déjeuner était servi.

Dans la salle à manger, ils trouvèrent trois officiers de rang inférieur ; un lieutenant, Otto von Grossling , et deux sous-lieutenants, Fritz Scheuneberg et Markgraf Wilhelm von Eyrik , un petit homme blond, hautain et brutal avec ses hommes, dur envers l'ennemi vaincu et violent comme une arme à feu.

Depuis son arrivée en France sa camarade ne l'appelait que Mademoiselle Fifi. Ce surnom lui était attribué à cause de sa tenue vestimentaire et de ses manières coquettes, de sa taille fine qui semblait lacée dans un corset, de son visage pâle sur lequel on voyait à peine une moustache naissante, et aussi à cause de l'habitude qu'il avait prise, pour exprimer son mépris suprême des personnes et des choses, d'employer continuellement la locution française : « Fi ! fi donc ! qu'il prononça avec un léger zézaiement.

La salle à manger du château d'Uville était une salle vaste et royale, dont les miroirs antiques constellés de trous de balles, et les tapisseries de haute Flandre, lacérées à coups d'épée et suspendues en lambeaux à certains endroits, racontaient l'histoire de Mademoiselle. Les occupations et passe-temps favoris de Fifi pendant ses heures de farniente.

Aux murs, trois portraits de famille, un guerrier portant son armure, un cardinal et un juge en chef, fumaient de longues pipes en porcelaine, tandis que dans son cadre, non doré par l'âge, une noble dame à la taille serrée, se montrait d'un air arrogant. une énorme paire de moustaches crayonnées au fusain.

Et le déjeuner des officiers se déroulait presque silencieusement dans cette salle mutilée, assombrie par la douche du dehors, triste et déprimante dans son aspect vaincu, dont le vieux parquet de chêne était devenu solide comme le parquet d'un bar.

Après avoir fini de manger, il était temps de fumer ; ils se mirent à boire et, revenant à leur sujet habituel, ils parlèrent de leur vie monotone et ennuyeuse.

Les bouteilles de cognac et de liqueur passaient de main en main, et, assis sur leur chaise, ils absorbaient tous leur liqueur à petites gorgées, tenant au coin de la bouche les longues pipes courbes terminées par un bol en écume de mer, invariablement barbouillé comme pour séduire les Hottentots.

Dès que leurs verres étaient vides, ils les remplissaient d'un geste de lassitude résignée. Mais Mademoiselle Fifi cassait son verre à chaque instant et alors un soldat lui en apportait aussitôt un nouveau.

Un brouillard de fumée âcre les baignait, les noyait, et ils semblaient sombrer dans une ivresse somnolente et triste, dans cette ivresse taciturne et morose particulière aux hommes qui n'ont rien à faire.

Mais soudain le baron se redressa. Une révolte le secoua ; il jura : « Par le ciel ! cela ne peut pas durer indéfiniment ; il faudra bien qu'il finisse par inventer quelque chose.

Le lieutenant Otto et le sous-lieutenant Fritz, deux Teutons éminemment dotés de visages allemands lourds et sérieux, répondirent ensemble : « Qu'inventerons-nous, capitaine ?

Il réfléchit quelques secondes et reprit : « Quoi ? Eh bien, il faut organiser une fête, si le commandant le permet.

Le major retira sa pipe de sa bouche : "Quel divertissement, capitaine ?"

Le baron s'approcha : « Laissez-moi faire, commandant ; j'enverrai Pflicht [*] à Rouen, et il nous amènera des femmes, je sais où les trouver. Un souper sera préparé ici ; d'ailleurs nous avons tout, et J'ose dire que nous passerons une soirée plutôt agréable.

[*]Devoir

Le comte Farlsberg haussa les épaules et sourit : "Tu es fou, mon ami !"

Mais tous les officiers s'étaient levés, entourant leur chef et le suppliant : « Laissez partir le capitaine, commandant ; c'est si triste ici !

Finalement le major céda : « Très bien ! a-t-il dit; et aussitôt le baron fit appeler Pflicht . Pflicht était un vieux sous-officier qu'on n'avait jamais vu sourire, mais qui exécutait avec une ponctualité fanatique les ordres de ses supérieurs, quels qu'ils soient.

Debout, avec son visage impassible, il recevait les instructions du baron ; puis il quitta la pièce ; et cinq minutes plus tard, un grand chariot militaire, recouvert d'une bâche de meunier tendue en forme de dôme, s'éloignait rapidement sous la forte pluie, au galop de quatre chevaux.

Aussitôt, un frisson d'éveil sembla parcourir le groupe d'officiers et les sortir de leur léthargie ; les poses langoureuses se redressèrent, les visages s'animèrent et ils commencèrent à parler.

Même si la pluie continuait toujours aussi fort, le major affirma qu'il ne faisait pas si sombre, et le lieutenant Otto annonça positivement que le temps s'éclaircissait. Même Mademoiselle Fifi semblait incapable de rester en place. Il se leva et se rassit. Son œil dur et clair cherchait quelque chose à briser ; tout à coup, regardant la dame à moustache, le jeune con a sorti son revolver : « Vous n'en serez pas témoin, vous ! » dit-il, et, sans quitter son siège, il visa. Deux balles tirées coup sur coup arrachèrent les yeux du portrait.

Puis il s'est exclamé : « Faisons exploser une mine ! Et aussitôt la conversation s'interrompit, comme si une curiosité puissante et nouvelle s'était emparée de toutes les personnes présentes.

Une mine, c'était son invention, sa façon de détruire, son amusement favori.

En quittant précipitamment son château, le comte Fernand d'Armoy d'Uville , le propriétaire légitime, n'avait eu le temps d'emporter ni de cacher autre chose que l'argenterie qu'il avait rangée dans un trou pratiqué dans un mur. Or, comme il était immensément riche et vivait dans un grand luxe, son grand salon, dont la porte communiquait avec la salle à manger, présentait l'aspect d'une galerie de tableaux devant la fuite précipitée du maître.

Des tableaux et des aquarelles inestimables étaient accrochés aux murs, tandis que sur les tables, les étagères et les élégants cabinets, des milliers de bric à brac et de bibelots, des statuettes, des vases de Dresde et de Chine, des ivoires anciens et des poteries de Venise peuplaient la grande salle de leurs objets précieux et précieux. étrange multitude.

Il n'en restait presque plus à cette époque. Non pas qu'ils aient été volés ; le major, le comte Farlsberg , ne l'aurait pas permis ni toléré ; mais mademoiselle Fifi faisait exploser une mine de temps en temps ; et dans de telles occasions, tous les officiers s'amusaient à fond pendant cinq minutes.

Le petit Markgraf alla au salon chercher ce dont il avait besoin ; il apporta une petite et gracieuse théière chinoise de la famille Rose, qu'il remplit de poudre à canon, et par le col de laquelle il introduisit avec précaution un long morceau d'amadou, l'alluma et, courant, emporta cette machine infernale dans le chambre voisine.

Puis il revint rapidement et ferma la porte derrière lui. Tous les Allemands se levèrent et attendirent, le visage enveloppé de sourires enfantins de curiosité, et dès que l'explosion ébranla le château, ils se précipitèrent tous à l'intérieur.

Mademoiselle Fifi, qui s'était précipitée la première, battait des mains en délire devant une Vénus en terre cuite, dont la tête avait enfin été arrachée ;

et chacun ramassait des morceaux de Chine brisés, s'étonnant de l'étrange empreinte des fragments, examinant les nouveaux dégâts causés, prétendant qu'une partie des dégâts avait été causée par des explosions précédentes. Et le Major contemplait, d'un air paternel, le grand salon bouleversé par ce feu d'artifice néronien et jonché de débris d'objets d'Art. Il sortit le premier en déclarant avec bonhomie : « C'était très réussi cette fois-ci !

Mais un tel jet de fumée avait envahi la salle à manger, se mêlant à la fumée du tabac, qu'il était impossible de respirer. Le commandant ouvrit la fenêtre, et tous les officiers, revenus boire un dernier verre de cognac, se pressèrent près d'elle.

L'air humide soufflait dans la pièce, apportant une sorte de poussière d'eau qui pulvérisait et poudrait les barbes et une odeur d'inondation. Ils regardaient les grands arbres courbés sous l'averse, la large vallée obscurcie par ce flux de nuages noirs et bas[*], et au loin le clocher de l'église se dressant comme une pointe grise sous la pluie battante.

[*][Note de Brett : L'original utilise « clowds », mais je pense que « nuages » était prévu.]

Depuis l'arrivée des Allemands, la cloche de l'Église n'avait plus sonné. Ce fut en fait la seule résistance que rencontrèrent les envahisseurs dans ce quartier, la résistance du clocher. Le curé n'avait pas refusé de recevoir et de nourrir les soldats prussiens ; il avait même, à plusieurs reprises, accepté de boire une bouteille de bière ou de bordeaux avec le commandant ennemi, qui se servait souvent de lui comme d'un intermédiaire bienveillant. Mais il était inutile de lui demander un seul coup de cloche ; il aurait préféré être fusillé. C'était sa façon de protester contre l'invasion, une protestation pacifique, la protestation du silence, la seule, disait-il, qui devienne prêtre, homme de paix et non de sang. Et tout le monde à dix lieues à la ronde louait la fermeté, l'héroïsme du Père Chantavoine , qui osa affirmer le deuil public et le proclamer par le mutisme obstiné de son Église.

Le village tout entier, enthousiasmé par cette résistance, était prêt à soutenir et à soutenir son pasteur jusqu'au bout, à tout risquer, considérant cette protestation tacite comme une sauvegarde de l'honneur national. Il semblait aux paysans qu'ils méritaient ainsi mieux de leur pays que Belfort ou Strasbourg, qu'ils avaient donné un aussi bon exemple, que le nom de leur hameau lui resterait immortel ; et à cette seule exception près, ils ne refusèrent rien aux Prussiens victorieux.

Le commandeur et ses officiers se moquèrent en privé de cette manifestation de courage inoffensif, et comme tout le quartier se montra obligeant à leur égard et docile à leurs ordres, ils tolérèrent volontiers le patriotisme silencieux du curé.

Le petit Markgraf Wilhelm était le seul à vouloir faire sonner la cloche ; il était très indigné de la condescendance politique de son officier supérieur envers le curé ; et chaque jour, il suppliait le commandant de le laisser faire une fois, juste une fois : « Ding-dong ! Ding-dong ! juste pour s'amuser un peu. Et il le demanda avec une grâce féline, une cajolerie de femme, une tendresse de voix de maîtresse aimée en manque de quelque chose, mais le Commandeur ne céda pas, et pour se consoler, Mademoiselle Fifi fit exploser des mines dans le château d' Uville .

Les cinq hommes sont restés là, en groupe, quelques minutes, respirant l'air humide. Finalement, le lieutenant Fritz parla avec un rire épais : « Décidément, ces dames n'auront pas un beau temps pour leur voyage.

Là-dessus ils se séparèrent, chacun allant à son travail, le capitaine ayant beaucoup à faire pour organiser le dîner.

Lorsqu'ils se retrouvèrent à la tombée de la nuit, ils se mirent à rire de se voir habillés coquettement et chic comme aux jours de grande revue, parfumés, pommadés et bien portants. Les cheveux du Commandant paraissaient moins gris que le matin, et le Capitaine s'était rasé, ne gardant que sa moustache qui ressemblait à une flamme sous le nez.

Malgré la pluie, la fenêtre restait ouverte et de temps en temps l'un d'eux venait écouter. A six heures dix minutes, le baron signala un roulement lointain. Ils descendirent tous en toute hâte, et bientôt la grande voiture arriva avec les quatre chevaux toujours au galop, couverts de boue jusqu'au dos, fumants et soufflant.

Et cinq femmes descendirent de voiture et montèrent sur le perron, cinq gracieuses filles soigneusement sélectionnées par un copain du capitaine , à qui Pflicht avait apporté une carte de son officier.

Ils n'avaient pas hésité à venir, sachant qu'ils seraient bien payés ; en outre, ils connaissaient très bien les Prussiens, ayant eu des relations avec eux pendant trois mois et tirant le meilleur parti des hommes comme des choses. « Nos affaires l'exigent », se disaient-ils en chemin, sans doute pour apaiser quelque secrète piqûre d'un reste de conscience.

Et bientôt, ils furent introduits dans la salle à manger. Éclairée, la salle à manger paraissait encore plus lugubre dans son pitoyable délabrement, et la table couverte de plats, de riches porcelaines et d'argenterie, qui avaient été découvertes dans le mur où le propriétaire les avait cachés, donnait aux lieux un aspect de une taverne basse, où des bandits dînent après une tombola réussie. Le Capitaine , radieux, s'emparait des femmes comme d'une chose familière, les appréciait, les embrassait, les flairait, les estimait à leur valeur d'instruments de plaisir ; et comme les trois plus jeunes voulaient en prendre un chacun, il s'y opposa avec autorité, se réservant le privilège de faire les assignations, en parfaite équité, selon le rang, afin de ne nuire en aucune façon à la hiérarchie.

Puis, pour exclure toute discussion, toute contestation et tout soupçon de partialité, il les aligna selon leur taille, et s'adressant au plus grand, d'un ton d'ordre : « Votre nom ?

Elle répondit en élevant la voix : « Pamela ».

Puis il annonça : « Le numéro un, du nom de Pamela, est attribué au commandant.

Après avoir embrassé Blondine , la seconde, en signe de sa prétention à la propriété, il offrit la grosse Amanda au lieutenant Otto ; Eva la Tomate au sous-lieutenant Fritz, et la plus petite de toutes, Rachel, une très jeune brune, aux yeux noirs comme des taches d'encre, une juive dont le nez camus confirmait la règle qui attribue le nez crochu à toute sa race, au plus jeune officier. , le frêle Markgraf Wilhelm von Eyrik .

En fait, elles étaient toutes jolies et potelées, sans aucun caractère distinctif sur leurs visages, façonnées presque de la même manière en apparence, en style et en teint par la pratique quotidienne de leur commerce illicite et la vie commune dans des maisons peu recommandables.

Les trois jeunes hommes voulurent immédiatement faire sortir leurs compagnes de la pièce sous prétexte de leur offrir des brosses et du savon pour se laver et se rafraîchir ; mais le capitaine eut la sagesse de ne pas le permettre, prétendant qu'ils étaient assez propres pour s'asseoir pour dîner, et de peur que ceux qui montaient ne veuillent changer de fille en descendant, et déranger ainsi les autres couples. Son expérience a prévalu. Il n'y avait que beaucoup de baisers, des baisers d'attente.

Soudain, Rachel suffoqua, toussant jusqu'aux larmes et rejetant la fumée par le nez. Le Markgraf, feignant de l'embrasser, lui avait soufflé une bouffée de tabac dans la bouche. Elle ne se mettait pas en colère, ne prononçait pas un seul mot, mais regardait son possesseur avec une colère qui montait jusqu'au fond de ses yeux noirs.

Ils se mirent à table pour dîner. Le commandant lui-même semblait ravi ; il prit Pamela à sa droite et Blondine à sa gauche, et tout en dépliant sa serviette, il déclara : — « C'était une charmante idée de votre part, capitaine !

Les lieutenants Otto et Fritz, polis et obséquieux comme s'ils étaient assis à côté de dames du monde, intimidèrent légèrement leurs voisins ; mais le baron von Kelweingstein , lâché dans son vice, rayonnait ; il faisait des blagues peu recommandables, et avec sa couronne de cheveux roux, il semblait en feu. Il faisait de galants compliments dans son mauvais français du Rhin, et ses bêtises obscènes, au parfum de taverne, crachées par le trou entre ses deux dents cassées, parvenaient aux jeunes filles au milieu d'un rapide feu de salive.

Les jeunes filles ne comprenaient pas ses plaisanteries, et leur intelligence ne semblait s'éveiller que lorsqu'il balbutiait des paroles obscènes, des expressions rudes, paralysées par son accent. Alors tous en chœur se mirent à rire comme des fous, tombant sur les genoux de leurs voisins, répétant les paroles que le baron défigurait volontairement pour leur faire dire des choses immondes. Ils en vomissaient à volonté en grande quantité, ivres après avoir bu dès les premières bouteilles de vin ; et revenant à eux-mêmes, ouvrant les portes de leurs habitudes, ils embrassaient les moustaches à leur droite et celles à gauche, se pinçaient les bras, poussaient des cris furieux, buvaient dans tous les verres, chantaient des distiques français et des morceaux de chansons allemandes qu'ils avaient. appris dans leurs rapports quotidiens avec l'ennemi.

Bientôt les hommes eux-mêmes, rougis et excités par la chair féminine répandue sous leur nez et à portée de leurs mains, perdirent toute retenue, rugissant, brisant les assiettes, tandis que derrière eux attendaient des soldats impassibles.

Le Commandant n'a fait preuve que d'une certaine retenue.

Mademoiselle Fifi avait pris Rachel à genoux et s'était délibérément mise à la frénésie, avait embrassé follement les boucles d'ébène de son cou, aspirant par le mince interstice entre la robe et sa peau, la douce chaleur de son corps et tout le parfum. de sa personne; à travers la soie, il la pinça furieusement la faisant crier, saisie d'une férocité enragée et distraite par son besoin de destruction. Souvent aussi, la tenant dans ses bras, la serrant comme s'il voulait la mélanger à lui-même, il déposait de longs baisers sur les lèvres fraîches de la juive et l'embrassait jusqu'à perdre le souffle ; mais tout à coup il la mordit si profondément qu'un filet de sang coula sur le menton de la jeune fille et lui courut jusqu'à la taille.

Elle le regarda de nouveau, droit en face, et lavant la blessure, elle murmura : « Il faudra que tu payes ! Il se mit à rire, d'un rire dur : "D'accord, je paierai !" a-t-il dit.

Au dessert, du champagne était servi. Le Commandeur se leva et avec le même ton qu'il aurait pris pour boire à la santé de l'Impératrice Augusta, il dit :

"A nos dames !" Et on porta alors une série de toasts, toasts avec la galanterie et les manières des ivrognes et des soldats, mêlés de plaisanteries obscènes, rendues encore plus brutales par leur ignorance de la langue.

Ils se levaient les uns après les autres, essayant d'avoir de l'esprit, faisant des efforts pour être drôles ; et les femmes, si ivres qu'elles pouvaient à peine se redresser, avec leur regard vide, leur langue lourde et moite, applaudissaient chaque fois avec véhémence.

Le capitaine , voulant sans doute donner à l'orgie une atmosphère de galanterie, leva une fois de plus son verre et prononça : « À nos victoires sur les cœurs !

Alors le lieutenant Otto, sorte d'ours de la Forêt-Noire, se leva d'un bond, enflammé, saturé de boissons, et soudain, emporté par le patriotisme alcoolique, il cria : « À nos victoires sur la France !

Enivrées comme elles l'étaient, les femmes gardaient le silence et Rachel, frissonnante de rage, répliqua : « Eh bien ! je connais des Français en présence desquels vous n'oseriez pas dire de telles choses.

Mais le petit Markgraf, la tenant toujours sur ses genoux, se mit à rire, exalté par le vin : "Ah ! Ah ! Ah ! Je n'en ai jamais rencontré moi-même. Dès qu'ils nous voient, ils s'enfuient."

La jeune fille, exaspérée, lui cria au visage : « Tu mens, sale cochon !

une seconde sur elle ses yeux clairs, comme il les fixait sur les tableaux dont il criblait la toile à coups de revolver ; puis il riait : " Oh oui ! parlons-en, belle ! Serions-nous là s'ils étaient courageux ? " - et il s'excitait de plus en plus : " Nous sommes leurs maîtres ; la France nous appartient ! "

Elle sauta de ses genoux et retomba sur sa chaise. Il se leva, tendit son verre au-dessus de la table et répéta : « La France, les Français, leurs champs, leurs bois et leurs maisons nous appartiennent !

Les autres, complètement ivres, secoués soudain par l'enthousiasme militaire, l'enthousiasme des brutes, saisirent leurs verres et crièrent haut et fort : « Vive la Prusse ! et les vida d'un seul coup.

Les filles n'ont pas protesté, réduites au silence et effrayées. Même Rachel resta silencieuse, incapable de répondre.

Alors le petit Markgraf posa sur la tête de la juive son verre de champagne, le remplit et dit : « Les femmes de France nous appartiennent !

Elle se releva si vite que le verre se renversa et renversa le vin jaune dans ses cheveux noirs, comme pour un baptême ; il tomba en morceaux sur le sol. Ses lèvres tremblantes, elle regarda l'officier d'un air de défi ; celui-ci n'arrêtait pas de rire ; balbutia-t-elle d'une voix étranglée par la rage : "Ça, ce n'est pas vrai ! vous n'aurez jamais les femmes de France !"

Il s'assit pour rire à son aise et essaya d'imiter l'accent parisien : "C'est bon ! c'est bon ! Et qu'est-ce que tu fais ici, petit ?"

Au début, confuse, elle ne répondit pas, car, dans son excitation, elle ne comprenait pas bien ce qu'il disait ; puis, dès que le sens de cette phrase lui apparut, elle lui cria avec indignation et véhémence : « Moi, je, je ne suis pas une femme ! Je suis une prostituée ! et c'est tout ce que mérite un Prussien !

A peine avait-elle fini, qu'il lui gifla violemment le visage ; mais, comme il relevait la main, folle de rage, elle attrapa sur la table un petit couteau à dessert à lame d'argent, et si vite que personne ne s'en aperçut, elle le poignarda en plein cou, juste au creux où commence la poitrine. .

Un mot qu'il allait murmurer lui fut coupé dans la gorge, et il resta raide, la bouche ouverte et le regard effrayant.

Tous criaient et se levaient tumultueusement ; mais après avoir jeté sa chaise dans les jambes du lieutenant Otto, qui s'effondra et tomba de tout son long, elle courut à la fenêtre, l'ouvrit avant qu'on pût l'attraper, et sauta dehors dans la nuit, sous la pluie qui tombait encore.

En deux minutes , mademoiselle Fifi était morte. Alors Fritz et Otto tirèrent leurs épées et voulurent massacrer les femmes qui se jetèrent à genoux ; le major, non sans peine, empêcha la boucherie et fit enfermer dans une chambre les quatre jeunes filles ahuries et gardées par deux soldats ; puis, comme s'il disposait ses hommes au combat, il organisa la recherche de la fugitive[*], bien sûr de la rattraper.

[*][Note de Brett : l'original utilise " fugutif ", mais, encore une fois, je pense qu'il s'agit d'une erreur typographique car un tel mot n'existe pas.]

Cinquante hommes, fouettés par des menaces, furent lancés à sa poursuite dans le parc ; deux cents autres fouillèrent les bois et toutes les maisons de la vallée.

La table, débarrassée en un instant, fut transformée en lit mortuaire, et les quatre officiers, droits, rigides et dégrisés, aux visages durs de guerriers de service, se tenaient près des fenêtres, fouillant et scrutant la nuit.

La pluie torrentielle continuait. Un ondulation incessant remplissait les ténèbres, un murmure flottant d'eau qui tombe et d'eau qui coule, d'eau qui goutte et d'eau qui jaillit.

Soudain, un coup de fusil se fit entendre ; puis un autre au loin ; et ainsi pendant quatre heures on entendit de temps à autre, des bruits de tirs proches ou lointains et des cris de ralliement, des paroles étranges criées comme un appel par des voix gutturales.

Au point du jour, tout le monde rentra. Deux soldats avaient été tués et trois autres blessés par leurs camarades dans l'empressement de la poursuite et la confusion de la poursuite nocturne.

Ils n'avaient pas réussi à retrouver Rachel.

Alors les habitants furent terrorisés, les maisons fouillées avec le plus grand soin, toute la région ratissée, battue, décapée. La juive ne semblait avoir laissé aucune trace de son passage.

Le général, prévenu, a ordonné d'étouffer l'affaire pour ne pas donner un mauvais exemple dans l'armée, et il a sanctionné le commandant qui, à son tour, a puni ses subordonnés. Le général avait dit : « On ne fait pas la guerre pour se livrer à des orgies et caresser des prostituées ». Et le comte Farlsberg, exaspéré , résolut de se venger du pays.

Comme il avait besoin d'un prétexte pour prendre des mesures drastiques sans contrainte, il convoqua le prêtre et lui ordonna de sonner la cloche de l'église lors de l'enterrement de Markgraf von Eyrik .

Contrairement à l'attente générale, le prêtre s'est montré docile, humble, plein d'attention. Et lorsque le corps de Mademoiselle Fifi, porté par des soldats, précédé, entouré et suivi de soldats, qui marchaient avec des fusils chargés, quitta le château d'Urville, en direction du cimetière, pour la première fois la cloche sonna le glas de un ton gai, comme si une main amie l'avait caressé.

Elle sonnait aussi le soir, le lendemain et tous les jours ; ça sonnait autant qu'ils le voulaient. Parfois aussi, au plus profond de la nuit, il sonnait tout seul et jetait deux ou trois notes dans l'obscurité, saisi d'une gaieté singulière, réveillé on ne savait pourquoi. Tous les paysans du quartier crurent alors que la cloche avait été ensorcelée ; et personne, sauf le curé et le sexton, ne s'approchait du clocher.

Une pauvre fille vivait là-haut, dans la peur et la solitude, nourrie en secret par ces deux hommes.

Elle y resta jusqu'au départ des troupes allemandes. Puis, un soir, le curé ayant emprunté la charrette du boulanger, se conduisit avec le prisonnier jusqu'à la porte de Rouen. Lorsqu'ils atteignirent la porte, le prêtre l'embrassa ; elle descendit de la charrette et retourna rapidement à la maison peu honorable, dont le gardien la croyait morte.

Peu après, elle fut retirée de la maison de prostitution par un patriote sans préjugés, qui l'aimait pour son acte de bravoure, puis, l'ayant aimée pour elle-même, l'épousa et fit d'elle une dame aussi bonne que beaucoup d'autres.

Boule de Souif

Pendant plusieurs jours consécutifs, les restes d'une armée en déroute traversaient la ville . Ce n'étaient pas des troupes, mais des hordes désorganisées. Les hommes avaient de longues barbes sales et des uniformes en lambeaux ; ils marchaient d'un pas apathique, sans drapeau ni formation. Tous semblaient épuisés, épuisés, incapables de réfléchir ou de se résoudre, marchant seulement par la force de l'habitude et tombant de fatigue dès qu'ils s'arrêtaient. On voyait pour la plupart des hommes mobilisés à la hâte, des hommes d'affaires pacifiques et des rentiers, ployant sous le poids de leurs fusils ; de jeunes volontaires vifs, facilement effrayés, mais pleins d'enthousiasme, prêts à attaquer comme à battre en retraite ; puis, parmi eux, quelques pantalons rouges, fragments d'une division décimée dans une grande bataille ; des artilleurs découragés alignés avec ces fantassins indescriptibles ; et çà et là le casque brillant d'un dragon aux pieds lourds qui avait du mal à suivre le rythme plus rapide des soldats de la ligne.

Des légions de francs- tireurs aux noms héroïques : « Vengeurs de la Défaite » — « Citoyens des Tombeaux » — « Frères de la Mort » — passaient à leur tour comme des bandits.

Leurs chefs, anciens drapiers ou marchands de grains, marchands de suif ou de savon, guerriers de circonstance, qui avaient été nommés officiers à cause de leur argent ou de la longueur de leurs moustaches ; couverts d'armes, de flanelle et de galons, ils parlaient à haute voix, discutaient des plans de campagne, et prétendaient qu'eux seuls soutenaient sur leurs épaules la France agonisante ; en fait, ces fanfarons avaient peur de leurs propres hommes, scélérats souvent courageux à l'excès, mais toujours prêts au pillage et à la débauche.

Le bruit courait que les Prussiens allaient entrer dans Rouen.

La garde nationale qui, depuis deux mois, effectuait une reconnaissance très minutieuse dans les bois voisins, tirant parfois sur ses propres sentinelles et se préparant au combat lorsqu'un petit lapin bruissait dans les buissons, avait été rassemblée et ramenée chez elle. . Leurs armes, leurs uniformes, tous leurs vêtements mortels, avec lesquels ils effrayaient naguère les bornes kilométriques des routes nationales à trois lieues à la ronde, avaient brusquement disparu.

Les derniers soldats français venaient de traverser la Seine pour se rendre à Pont- Andemer par Saint-Sever et Bourg- Achard ; et à leur suite, leur général, désespéré, incapable de rien tenter avec des épaves aussi indescriptibles, lui-même consterné par l'écrasante débâcle d'un peuple habitué à conquérir et maintenant désastreusement vaincu malgré sa bravoure légendaire, marchait entre deux infirmiers.

Alors un calme profond, une attente tremblante et silencieuse planait sur la Ville . Beaucoup de citoyens aisés et corpulents, émasculés par la vie d'affaires qu'ils avaient menée, attendaient avec impatience les vainqueurs, craignant de considérer comme des armes leurs broches à rôtir ou leurs grands couteaux de cuisine.

La vie semblait au point mort ; les magasins étaient fermés et les rues silencieuses et désertes. Parfois un citoyen, intimidé par ce silence, courait rapidement le long des murs.

L'angoisse du suspens faisait désirer aux citoyens l'arrivée de l'ennemi.

Dans l'après-midi du jour qui suivit le départ des troupes françaises, quelques uhlans, venus d'on ne sait d'où, traversèrent en toute hâte la Ville . Puis, un peu plus tard, une masse noire descendit la Ste. Catherine Hill, tandis que deux autres vagues envahissantes apparaissaient sur les routes de Darnetal et Boisguillame . Les avant-gardes des trois corps firent leur jonction précisément en même temps sur la place de l'Hôtel de Ville ; et, par toutes les routes voisines, l'armée allemande arrivait, roulant ses bataillons qui faisaient sonner les trottoirs sous leurs pas lourds et bien mesurés.

Des ordres criés d'une voix inconnue et gutturale s'élevaient le long des maisons qui semblaient mortes et désertes, tandis que derrière les volets fermés, des yeux regardaient ces hommes victorieux, maîtres de la Ville, des biens et de la vie par le droit de la guerre. Les habitants, dans leurs chambres obscures, ressentaient la perplexité provoquée par les cataclysmes, les grands bouleversements sanglants de la terre contre lesquels toute la sagesse et la force humaine ne peuvent rien. Car le même sentiment réapparaît chaque fois que l'ordre établi des choses est bouleversé, lorsque la sécurité cesse d'exister, lorsque tout ce qui est protégé par les lois des hommes ou par celles de la nature protégée, est à la merci d'une brutalité irraisonnée et féroce. Le tremblement de terre écrasant une nation entière sous des maisons en ruine ; la rivière en crue faisant tourbillonner les corps des paysans noyés, les bœufs morts et les poutres arrachées des toits, ou la glorieuse armée massacrant ceux qui se défendent, emmenant les autres prisonniers, pillant au nom de l'épée et remerciant à Dieu, jusqu'au tonnerre des fusils, sont autant de fléaux épouvantables qui déconcertent toute croyance en la justice éternelle, toute la confiance qu'on nous a appris à mettre dans la protection du ciel et dans la raison de l'homme.

De petits détachements frappaient à chaque porte puis disparaissaient dans les maisons. C'était occupation après invasion. Désormais, les vaincus devaient se montrer gentils avec leurs vainqueurs.

Au bout d'un moment, une fois la première terreur apaisée, une nouvelle tranquillité s'installa. Dans de nombreuses maisons, l'officier prussien prenait ses repas en famille. Certains étaient bien élevés et, par politesse, manifestaient de la sympathie pour la France et parlaient de leur réticence à participer à la guerre. Les gens étaient reconnaissants pour de tels sentiments ; de plus, ils auraient pu avoir besoin de leur protection à tout moment. En étant gentils avec eux, ils auraient peut-être moins d'hommes cantonnés dans leurs maisons. Et pourquoi blesser les sentiments d'un homme qui avait tout pouvoir sur eux ? Agir ainsi serait moins de courage que de témérité, et la témérité n'est plus un défaut des citoyens de Rouen, comme au temps de la défense héroïque où leur ville devint célèbre. Enfin, argument suprême tiré de l'urbanité française, ils disaient qu'ils pouvaient se permettre d'être polis dans leur propre maison, à condition de ne pas montrer en public une trop grande familiarité avec le soldat étranger. Dans les rues, ils se croisaient comme des étrangers, mais à la maison ils bavardaient volontiers, et chaque nuit l'Allemand restait éveillé de plus en plus tard, se réchauffant près du foyer familial.

Même la Ville reprenait peu à peu un peu de son aspect ordinaire. Les Français se promenaient rarement dans les rues, mais les soldats prussiens affluaient. D'ailleurs, les officiers des Hussards Bleus, qui faisaient agiter avec arrogance sur les trottoirs leurs gros instruments de mort, ne semblaient pas avoir pour les simples citoyens beaucoup plus de mépris que les officiers des Chasseurs français qui, l'année précédente, avaient bu dans les mêmes Cafés.

Il y avait pourtant dans l'air quelque chose de subtil et d'inconnu, une atmosphère étrangère intolérable comme une odeur nauséabonde, une odeur d'invasion. Il imprégnait les maisons et les lieux publics, changeait le goût des aliments et donnait l'impression de voyager dans des pays lointains, au milieu de barbares et de tribus dangereuses.

Les conquérants exigeaient de l'argent, beaucoup d'argent. Les citoyens ont continué à payer ; ils pouvaient se permettre de payer, ils étaient riches. Mais plus un homme d'affaires normand devient opulent, plus il souffre lorsqu'il doit faire un sacrifice ou voit une parcelle de ses biens passer entre les mains d'autrui.

Et pourtant, à deux ou trois lieues de la Ville , en aval du fleuve, vers Croisset , Dieppendalle ou Biessart , des bateliers et des pêcheurs tiraient souvent du fond de l'eau le corps de quelque Allemand tuméfié dans son uniforme, tué à coups de couteau ou d'un coup de savate , la tête écrasée par une pierre, ou poussée d'un pont dans l'eau. La boue du lit du fleuve ensevelit ces vengeances obscures, sauvages et pourtant légitimes, ces actes d'héroïsme inconnus, ces attaques silencieuses plus périlleuses que les batailles en plein air, et pourtant sans l'auréole et l'éclat de la gloire.

Car la haine de l'étranger arme toujours des intrépides prêts à mourir pour une idée.

Comme les envahisseurs, bien que soumettant la ville à leur discipline inflexible, n'avaient commis aucune des horreurs que la rumeur leur prêtait avoir perpétrées tout au long de leur marche triomphale, les gens s'enhardirent, et le désir de faire des affaires serra de nouveau le cœur des marchands locaux. Certains d'entre eux avaient de grands intérêts au Havre, occupé par l'armée française, et ils essayèrent de gagner ce port maritime en se rendant par terre à Dieppe et de là en bateau.

Ils usèrent de l'influence des officiers allemands, avec lesquels ils avaient fait connaissance, et obtinrent un permis spécial du général en chef. Or, un grand carrosse à quatre chevaux ayant été engagé pour ce voyage, et dix personnes ayant été inscrites auprès du cocher, il fut décidé de partir un mardi matin, avant le lever du jour, pour éviter d'attirer toute foule.

Depuis quelque temps le gel avait durci le sol, et ce lundi-là, vers trois heures, de gros nuages noirs venant du Nord apportèrent la neige qui tomba sans interruption toute la soirée et pendant toute la nuit.

A quatre heures et demie du matin, les voyageurs se retrouvaient dans la cour de l'Hôtel de Normandie, où ils devaient prendre le car.

Ils étaient encore à moitié endormis et frissonnaient de froid sous leurs couvertures. Ils ne se voyaient pas bien dans l'obscurité et, emmitouflés dans leurs lourds vêtements d'hiver, leurs corps ressemblaient à de gros prêtres dans leurs longues soutanes. Deux hommes se reconnurent ; un troisième les rejoignit ; ils parlèrent : — « J'emmène ma femme avec moi... » dit l'un ; Havre, nous passerons en Angleterre. » — Ils avaient tous les mêmes projets, étant de semblables dispositions.

Mais les chevaux n'étaient pas encore attelés. Une petite lanterne, portée par un garçon d'écurie, sortait de temps en temps d'une porte sombre et disparaissait aussitôt dans une autre. Les chevaux piétinaient le sol, mais leurs sabots étant couverts de fumier et de paille, le bruit du piétinement était assourdi ; une voix d'homme parlant aux animaux et les injuriant se fit entendre depuis l'arrière du bâtiment. Un léger chatouillement se transforma bientôt en un tintement clair et continu, rythmé par les mouvements des chevaux, tantôt s'arrêtant, tantôt reprenant dans un carillon soudain accompagné du bruit assourdi d'un sabot ferré qui piaffait le sol.

La porte se ferma brusquement. Tout le bruit cessa. Les passagers gelés cessèrent de parler : ils restèrent immobiles et raides.

Un rideau ininterrompu de flocons blancs et luisants tombait sans cesse sur le sol ; il effaçait les formes des choses et les poudrait d'une écume glacée ; et dans le grand silence de la ville tranquille, ensevelie sous l'hiver, on n'entendait rien d'autre que ce bruissement vague et sans nom de la neige qui tombait - une sensation plutôt qu'un son - un mélange d'atomes légers qui semblaient remplir l'espace et couvrir l'espace. le monde entier.

L'homme reparut avec sa lanterne, conduisant par une corde un cheval triste qui le suivait à contrecœur. Il le plaça contre la hampe, attacha les sangles, se retourna longuement pour s'assurer que le harnais était bien fixé, car il ne pouvait se servir que d'une main, l'autre tenant la lanterne. Alors qu'il allait amener le deuxième animal, il remarqua que tous les voyageurs étaient immobiles, déjà blancs de neige, et il leur dit : — « Pourquoi ne montez-vous pas dans la voiture ? là, vous seriez au moins à l'abri. ".

Sans doute cela ne leur était pas venu à l'esprit ; aussitôt on se précipita pour monter. Les trois hommes installèrent leurs femmes à l'arrière du car puis montèrent eux-mêmes ; l'une après l'autre, les formes restantes, indistinctes et couvertes de neige , prirent les dernières places sans échanger un seul mot.

Le sol était recouvert de paille dans laquelle s'enfonçaient les pieds. Les dames du fond, ayant amené avec elles de petites chauffe-pieds en cuivre, chauffés au moyen d'un charbon chimique, allumèrent ces appareils, et pendant quelque temps, à voix basse, elles énumérèrent leurs avantages, se répétant les choses qu'elles disaient. je ne le savais pas depuis longtemps.

Enfin, six chevaux au lieu de quatre ayant été attelés à la voiture, à cause des routes difficiles et du tirant d'eau plus lourd, une voix du dehors demanda : « Est-ce que tout le monde est là ? » A quoi une voix de l'intérieur répondit : « Oui . "—Et le coach démarra.

La voiture avançait lentement, lentement, à pas de tortue. Les roues s'enfoncèrent dans la neige ; toute la carrosserie gémissait de craquements ; les animaux glissaient, soufflaient, fumaient, et le gigantesque fouet du cocher craquait continuellement, volait dans tous les sens, s'enroulait et se déroulait comme un serpent mince, et fouettait tout à coup un dos arrondi, qui s'étirait alors sous un effort plus violent.

Insensiblement, le jour se levait. Ces légers flocons qu'un voyageur, pur sang originaire de Rouen, avait comparé à une pluie de coton, avaient cessé de tomber. Une lumière trouble filtrait à travers les gros nuages sombres et lourds, qui rendaient plus éblouissante la blancheur du pays où l'on apercevait tantôt une rangée de grands arbres constellés de givre, tantôt une chaumière avec une auvent de neige.

A l'intérieur du car, les voyageurs se regardaient avec curiosité dans la lumière mélancolique de l'aube.

Tout au fond, sur les meilleures places, face à face, M. et Mme Loiseau, grossistes en vins de la rue Grand-Pont, dormaient.

Ancien commis d'un commerçant ruiné en affaires, Loiseau avait racheté les actions de son employeur et fait fortune. Il vendait à très bas prix du très mauvais vin aux petits marchands d'alcool du pays, et était considéré par ses amis et connaissances comme un escroc acéré, un vrai Normand plein d'astuce et de jovialité . Sa réputation d'escroc était si bien établie qu'un soir à la Préfecture, M. Tournel , auteur de fables et de chansons, d'un esprit mordant et fin, gloire littéraire locale, ayant proposé aux dames qu'il voyait un peu somnolentes, pour faire une partie de « L'oiseau vole », la plaisanterie courait dans les salons du Préfet et de là, atteignant ceux de la ville, faisait rire toutes les gueules de la Province pendant un mois entier .

Outre cette réputation peu recommandable, Loiseau était célèbre pour ses diverses farces, ses bons ou mauvais tours ; et personne ne pouvait prononcer son nom sans ajouter aussitôt : — « Loiseau est impitoyable ; il n'épargne personne !

De petite taille, il avait un ventre en forme de ballon surmonté d'un visage fleuri entre une paire de moustaches grisâtres.

Sa femme, grande, forte, déterminée, à voix forte, femme de décision rapide, représentait l'ordre et le calcul dans la maison de commerce que son mari animait de sa joyeuse activité.

A côté d'eux était assis, plus digne et appartenant à une classe supérieure, M. Carré-Lamadon , homme de grande renommée, chef du commerce du coton, propriétaire de trois filatures, officier de la Légion d'honneur et membre du Conseil général. . Sous l'Empire, il avait été le chef de l'opposition amicale, dans le seul but de faire payer plus cher son soutien lorsqu'il se ralliait à la cause qu'il combattait quotidiennement avec des armes courtoises, selon sa propre expression. Mme Carré-Lamadon , considérablement plus jeune que son mari, restait la consolation des officiers de bonne famille cantonnés à Rouen.

Elle était assise en face de son mari, jolie, svelte, gracieuse, recroquevillée dans ses fourrures, et regardait tristement l'intérieur lamentable du carrosse.

Ses voisins, le comte et la comtesse Hubert de Bréville , portaient l'un des noms les plus anciens et les plus nobles de Normandie. le comte, vieux noble d'allure aristocratique, s'efforçait d'accentuer par les artifices de sa toilette sa ressemblance naturelle avec le roi Henri IV, qui, selon une légende dont la famille se glorifiait, avait provoqué la maternité d'une dame de Bréville dont Son mari, en raison de ses liens royaux, avait été nommé comte et gouverneur d'une province.

Collègue de Carré-Lamadon au Conseil général, le comte Hubert représentait le parti orléaniste dans son département . L'histoire de son mariage avec la fille d'un petit armateur nantais était toujours restée mystérieuse. Mais comme la comtesse avait un air grandiose, mieux reçue qu'aucune autre hôtesse, et qu'on lui prêtait d'avoir été la Dulcinée d'un des fils de Louis-Philippe, toute la noblesse lui témoigna la plus grande considération, et son salon resta le plus exclusif de la localité. , le seul où l'ancienne galanterie était conservée et à laquelle l'admission n'était pas facile.

La richesse des de Bréville , entièrement investie en immobilier, était estimée à un revenu annuel de cinq cent mille francs.

Ces six personnes occupaient l'arrière du carrosse, du côté d'une société riche, sereine et solide, des gens autoritaires, honnêtes, qui ont de la religion et des principes.

Par un étrange hasard, toutes les femmes étaient assises du même côté ; et la comtesse avait en outre pour voisines deux saintes religieuses qui jouaient de longs chapelets et marmonnaient des Paters et des Aves. L'une d'elles était vieille et avait le visage si profondément marqué par la variole, qu'elle avait l'air d'avoir reçu une balle en plein visage par un fusil à tir rapide. L'autre, très frêle, avait une jolie tête maladive sur une étroite poitrine phtisique rongée par cette foi dévorante qui fait les martyrs et les visionnaires. Assis face aux religieuses, un homme et une femme attiraient le regard de tous les autres passagers.

L'homme, personnage bien connu , c'était Cornudet le démocrate, la terreur des gens respectables. Depuis vingt ans, il trempait sa grande barbe rousse dans les bûches de tous les Cafés démocratiques. Il avait dépensé, avec l'aide de ses frères et amis, une belle fortune héritée de son père, confiseur à la retraite, et il attendait avec impatience l'avènement de la République pour s'assurer une position politique méritée par tant de libations révolutionnaires. Le 4 septembre, peut-être par plaisanterie, il avait cru être nommé préfet, mais lorsqu'il voulut prendre ses fonctions, le greffier, resté en charge du bureau, refusa de reconnaître lui, ce qui l'a contraint à prendre sa retraite. Homme de très bonne humeur , et de surcroît inoffensif et serviable , il avait travaillé avec une énergie incomparable à organiser la défense de la Ville. Il avait fait creuser des tranchées dans les plaines, couper tous les jeunes arbres des forêts voisines, installer des pièges sur toutes les routes, et à l'approche de l'ennemi, satisfait de ses préparatifs, il était rentré en toute hâte en ville. Il pensait désormais qu'il serait plus utile au Havre où de nouvelles tranchées seraient nécessaires.

La femme, une de celles qu'on appelle galantes, était célèbre pour son embonpoint précoce qui lui avait valu le surnom de « Boule de Suif ». Petite et rondelette de partout, grosse à fournir du saindoux, avec des doigts gonflés resserrés aux articulations et ressemblant à des chapelets de petites saucisses, une peau luisante et tendue, un buste énorme qui dépassait de sous sa robe, elle était pourtant séduisante et très convoitée. , son aspect frais étant agréable à regarder. Son visage était comme une pomme rouge, un bouton de pivoine, prêt à éclore ; et dans la partie supérieure de son visage, deux magnifiques yeux noirs, ombragés par de gros cils épais qui y jetaient une ombre ; dans la partie inférieure, une bouche charmante, étroite, humide, mûre pour les baisers, et garnie de dents blanches et microscopiques.

De plus, on la disait pleine de qualités inestimables.

Dès qu'elle fut reconnue, des chuchotements circulèrent parmi les femmes respectables et les mots : « coquine », « scandale public » furent prononcés si fort qu'elle releva la tête. Puis elle lança à ses voisins un regard si provocateur et si hautain, qu'un grand silence tomba sur la société et tous baissèrent les yeux sauf Loiseau, qui continuait de la regarder d'un air exalté.

Mais bientôt la conversation reprit entre les trois dames, que la présence de cette jeune fille avait soudain rendues amies, presque intimes. Il leur semblait qu'ils devaient former une sorte de « faisceaux » de leurs dignités conjugales en présence de ce mercenaire éhonté ; car l'amour légalisé méprise toujours son frère libre.

Les trois hommes, rapprochés également par un instinct de conservation à la vue de Cornudet , parlèrent d'argent avec une expression de mépris pour les pauvres. Le comte Hubert raconta les dégâts causés à ses biens par les Prussiens, les pertes qui résulteraient du vol d'un grand seigneur décuplé millionnaire que de tels revers n'incommoderaient guère pendant un an. M. Carré-Lamadon , qui avait subi de lourdes pertes dans son commerce du coton, avait pris la précaution d'envoyer six cent mille francs en Angleterre, provision pour les jours de pluie qui lui permettrait de faire face aux urgences. Quant à Loiseau, il avait trouvé le moyen de vendre à l'intendance française tous les vins de mauvaise qualité qu'il avait en stock, de sorte que le gouvernement lui devait une somme énorme, qu'il comptait encaisser à temps au Havre.

Et tous trois se jetèrent des regards rapides et amicaux. Bien qu'appartenant à des couches sociales différentes, ils se sentaient unis dans la fraternité de l'argent, la grande franc-maçonnerie des possédants, qui font tinter l'or lorsqu'ils mettent la main dans les poches de leur pantalon.

La voiture avançait si lentement qu'à dix heures du matin ils n'avaient fait que quatre lieues. Les hommes descendirent à trois reprises et gravirent les collines. Ils commençaient à se sentir mal à l'aise, car ils s'attendaient à déjeuner à Tôtes et maintenant il n'y avait pratiquement plus de possibilité d'y arriver avant la nuit. Chacun guettait pour trouver une auberge sur la route, lorsque la voiture s'enfonça dans une congère, et il fallut deux heures pour la dégager.

Les appétits grandissaient et le moral tombait ; aucun relais routier, aucun marchand de vin n'a pu être découvert, l'approche des Prussiens et le passage des troupes françaises affamées ayant effrayé tous les commerçants.

Les hommes se rendirent dans les fermes du bord de la route pour chercher de la nourriture mais ils ne trouvèrent même pas de pain, car les paysans méfiants avaient caché leurs réserves de provisions de peur d'être pillés par les soldats qui, n'ayant rien à manger, prenaient de force ce qu'ils ont découvert.

Vers une heure de l'après-midi, Loiseau annonça qu'il sentait positivement un grand creux au ventre. Tous souffraient comme lui depuis longtemps, et le violent besoin de nourriture, qui ne cessait de croître, avait tué les conversations.

De temps en temps, l'un d'eux bâillait, un autre l'imitait instantanément ; et chacun, tour à tour, selon son caractère, ses manières et sa position sociale, ouvrait bruyamment la bouche ou modestement en tenant sa main devant le trou béant d'où s'échappait le souffle.

Boule de Suif se baissa plusieurs fois, comme pour chercher quelque chose sous ses jupons. Elle hésita une seconde, regarda ses voisins et se redressa tranquillement. Les visages étaient pâles et tirés. Loiseau dit qu'il paierait mille francs pour un jarret de jambon. Sa femme fit un geste de protestation, puis elle redevint calme. Elle souffrait toujours lorsqu'elle entendait parler d'argent gaspillé et ne comprenait même pas les plaisanteries à ce sujet. « En effet, je ne me sens pas bien, dit le comte ; pourquoi n'ai-je pas pensé à emporter des provisions avec moi ? » — Chacun se reprochait la même omission.

Cornudet avait cependant une bouteille de rhum dans sa poche ; il en offrit à ses compagnons ; ils refusèrent froidement. Loiseau seul en accepta quelques gouttes, et quand il rendit la bouteille, il remercia : " C'est bon quand même ! ça réchauffe et ça trompe l'appétit. " - La boisson le mit de bonne humeur et il proposa qu'ils Il faudrait faire comme sur le petit bateau de la chanson : "manger le plus gros des passagers". Cette allusion indirecte à Boule de Suif choqua les passagers bien élevés. Il n'y a eu aucune réponse. Cornudet seul souriait. Les deux bonnes sœurs avaient cessé de marmonner leur chapelet, et, les mains enfoncées dans leurs larges manches, elles se tenaient immobiles, baissant obstinément les yeux et offrant sans doute en sacrifice à Dieu les souffrances qu'il leur avait envoyées.

Enfin, à trois heures, comme on était encore au milieu d'une plaine interminable, sans aucun village en vue, Boule de Suif se pencha vivement et sortit de dessous son siège un grand panier recouvert d'une serviette blanche.

Elle sortit d'abord une petite assiette de terre, une belle tasse en argent, puis une grande marmite dans laquelle deux poulets entiers, découpés en morceaux, avaient mijoté dans leur propre sauce ; et on voyait en outre dans le panier d'autres bonnes choses emballées, pâtisseries, fruits, friandises, provisions préparées pour un voyage de trois jours, afin que le voyageur n'ait pas à toucher aux vivres dans les auberges. Le goulot de quatre bouteilles a émergé parmi les emballages de nourriture. Elle prit une aile de poulet et se mit à la manger délicatement avec un de ces petits rouleaux qu'on appelle en Normandie « Régence ».

Tous les regards étaient attirés vers elle. Puis l'odeur appétissante remplit le carrosse, faisant se dilater les narines et l'eau à la bouche, tandis que les mâchoires sous les oreilles se contractaient douloureusement. Le mépris des dames pour cette jeune fille devenait féroce, se transformant en un désir de la tuer ou de la jeter, avec son gobelet, son panier et ses provisions, hors du carrosse sur la neige.

Pendant tout ce temps, Loiseau dévorait des yeux la marmite de poulet. Il dit : — « Eh bien, madame a été plus prévoyante que nous tous ! Il y a des gens qui arrivent toujours à penser à tout. » — Elle leva la tête vers lui : — « Vous en voulez, monsieur ? " C'est dur de jeûner depuis le matin... " Et regardant autour de lui il ajouta : " Dans des moments comme celui-ci, on est heureux de trouver des gens obligeants. "

Il avait un journal qu'il dépliait sur ses genoux pour ne pas salir son pantalon, et avec la pointe d'un couteau qu'il portait toujours dans sa poche, il cueillait une jambe bien vernie de gelée, la mordait et la mâchait avec Un goût si évident, qu'il y eut dans la voiture un gros soupir de détresse.

Boule de Suif , d'une voix humble et douce, proposa aux bonnes Sœurs de partager son déjeuner. Ils acceptèrent tous deux instantanément et, sans lever les yeux, se mirent à manger très vite, après avoir murmuré quelques mots de remerciement. Cornudet ne déclina pas non plus l'offre de son voisin, et avec les religieuses, elles improvisèrent une sorte de table en dépliant les journaux sur leurs genoux.

Les bouches s'ouvraient et se fermaient constamment, avalant, mâchant, avalant férocement. Loiseau, dans son coin, était très occupé à manger et incitait à voix basse sa femme à l'imiter. Elle résista longtemps, mais, après une crampe qui lui parcourut le ventre, elle céda. Alors son mari, arrondissant ses phrases, demanda à leur « charmante compagne » si elle lui permettrait d'offrir un petit morceau à Madame Loiseau. Elle répondit : « Mais certainement, monsieur ! » avec un sourire aimable, et elle lui tendit la terrine. Un embarras survint à l'ouverture de la première bouteille de bordeaux : il n'y avait qu'un seul gobelet. Ils l'ont fait circuler après l'avoir essuyé à chaque fois. Cornudet seul, par galanterie sans doute, posa ses lèvres à l'endroit encore humide des lèvres de son voisin.

Alors, entourés de gens qui mangeaient, étouffés par les émanations des aliments, le comte et la comtesse de Bréville , ainsi que M. et Mme Carré-Lamadon , souffraient de ce supplice qui a perpétué le nom de Tantale. Tout à coup, la jeune femme du fabricant poussa un soupir qui fit que tout le monde se tourna vers elle ; elle était aussi blanche que la neige dehors ; ses yeux se fermèrent, sa tête tomba en avant et elle s'évanouit. Son mari, alarmé, implorait l'aide de tous. Toutes perdirent la tête, mais la plus âgée des deux religieuses, tenant dans ses bras la tête de la dame inconsciente, glissa entre ses lèvres le gobelet de Boule de Suif et lui fit avaler quelques gouttes de vin. La jolie dame bougea, ouvrit les yeux, sourit et déclara d'une voix mourante qu'elle se sentait mieux. Cependant, pour éviter que l'évanouissement ne se reproduise, la religieuse l'obligea à boire une pleine tasse de bordeaux, et elle ajouta : « C'est juste la faim et rien d'autre.

Alors Boule de Suif , rougissante et embarrassée, balbutia en regardant les quatre passagers qui n'avaient pas encore rompu le jeûne : — Mon Dieu ! si j'osais proposer à ces dames et à ces messieurs ? Elle s'arrêta net, pensant qu'elle avait blessé leurs sentiments. Loiseau commença à parler : "Eh bien, par Jupiter ! dans des cas comme celui-là, nous sommes tous frères et sœurs et devons nous entraider. Allons, mesdames, pas de cérémonie ! acceptez ce qu'on vous offre ; que diable ! sait-on seulement si nous allons-nous trouver une maison pour nous abriter pendant la nuit ? Au rythme où nous voyageons, nous ne serons pas à Tôtes avant demain midi. Ils ont hésité, aucun n'osant assumer la responsabilité de dire « Oui ».

Mais le comte tranche la question. Il se tourna vers la grosse fille intimidée et, prenant son ton grand aristocratique, il lui dit : — Nous acceptons avec gratitude, Madame.

La première étape ne coûte que. Une fois le Rubicon franchi, ils mangèrent de bon cœur. Le panier était vidé. Il contenait encore un pâté de foie gras, un pâté de mauvette, un morceau de jambon fumé, des poires Crassane , un fromage Pont- l'Evêque , un assortiment de petits fours et une tasse pleine de cornichons et oignons marinés, Boule de Suif , comme toutes les femmes, ayant une prédilection pour les choses crues.

On ne pouvait pas manger les provisions de la jeune fille sans lui parler. Maintenant donc, ils parlaient, d'abord avec un peu de retenue, puis, comme elle se comportait très bien, avec plus de liberté. Mesdames de Bréville et Carré-Lamadon , qui avaient un grand savoir-faire, se sont montrées aimables avec tact. Surtout, la comtesse montrait cette aimable condescendance des grandes dames qu'aucun contact ne peut souiller, et elle était charmante. En revanche, la grosse Mme Loiseau, qui avait une âme de gendarme, restait distante, maussade, parlant peu mais mangeant beaucoup.

Naturellement, ils parlèrent de la guerre. Ils racontaient les horribles choses faites par les Prussiens, les actes de bravoure des Français ; et tous ces gens qui fuyaient rendaient hommage au courage des autres. Bientôt des expériences personnelles suivirent, et Boule de Suif , racontant avec une émotion non affectée, avec cette chaleur de langage souvent caractéristique des filles de sa classe pour exprimer leurs sentiments naturels, comment elle avait quitté Rouen : « J'ai d'abord cru que je pourrais rester. » dit-elle; " J'avais ma maison pleine de provisions, et je préférais nourrir quelques soldats puis m'expatrier et aller Dieu sait où. Mais quand je les ai vus, les Prussiens, c'en était trop pour moi, je n'en pouvais plus. Ils ont fait mon sang bouillonnait de rage ; et j'ai pleuré toute la journée de honte. Puis certains ont été logés chez moi ; j'ai volé à la gorge du premier qui est entré. Et j'aurais réparé celui-là, s'ils ne m'avaient pas éloigné. " _ _

Elle a été chaleureusement félicitée. Elle gagnait en estime ses compagnons de voyage, qui ne s'étaient pas montrés intrépides. Et en l'écoutant, Cornudet avait le sourire approbateur et bienveillant d'un apôtre, de même qu'un prêtre entend un dévot louer Dieu, car les démocrates à longue barbe ont le monopole du patriotisme comme les hommes en soutane ont le monopole. de religion. Il parla, à son tour, sur un ton dogmatique, avec l'emphase déclamatoire qu'on apprend des proclamations quotidiennes affichées sur les murs, et il termina par un morceau d'éloquence où il condamna magistralement ce « scélérat de Napoléon III ».

Mais Boule de Suif se fâche aussitôt parce qu'elle est partisane des Bonapartes . Elle devint rouge comme une cerise et bégaya d' indignation : — « J'aurais voulu vous voir à sa place, vous et vos amis ! Cela aurait été bien, oh oui ! C'est vous qui avez trahi le pauvre homme ! Si nous si nous étions gouvernés par des coquins comme vous, il ne nous resterait plus qu'à quitter la France." - Impassible, Cornudet gardait un sourire supérieur et méprisant, mais on sentait que de grands mots se préparaient, lorsque le comte s'interposa et, non sans quelques difficultés, calma la jeune fille exaspérée en proclamant avec autorité que toutes les opinions sincères devaient être respectées. Cependant la comtesse et la femme du fabricant de coton, qui portaient dans leur cœur la haine irraisonnée de tous les honnêtes gens pour la République, et cette prédilection que toutes les femmes ont pour la pompe des gouvernements despotiques, se sentaient irrésistiblement attirées vers cette digne prostituée dont les opinions ressemblaient beaucoup aux leurs.

Le panier était vide. Tous les dix avaient facilement consommé son contenu, regrettant qu'il ne soit pas plus gros. La conversation se poursuivit pendant un certain temps, même si elle s'arrêta depuis qu'ils avaient fini de manger.

La nuit tombait ; l'obscurité devenait peu à peu de plus en plus profonde, et le froid, ressenti davantage pendant la digestion, faisait frissonner Boule De

Suif malgré sa corpulence. Alors madame de Bréville lui offrit son chauffe-pieds dont le charbon avait été renouvelé plusieurs fois depuis le matin, et elle l'accepta volontiers, car elle sentait ses pieds gelés. Mesdames Carré-Lamadon et Loiseau ont donné les leurs aux religieuses.

Le chauffeur avait allumé ses lanternes. Ils jetaient une vive lueur sur le nuage de vapeur qui s'élevait du dos transpirant des chevaux de queue, et des deux côtés de la route la neige semblait rouler sous la lumière mobile des lampes.

On ne distinguait rien dans le carrosse ; tout à coup il y eut un mouvement entre Boule de Suif et Cornudet ; et Loiseau, dont les yeux scrutaient l'obscurité, vit à travers elle l'homme à longue barbe se relever d'un bond, comme s'il avait reçu un coup silencieux mais bien dirigé.

De minuscules lumières apparurent sur la route. C'était Tôtes . Ils avaient parcouru onze heures, ce qui, ajouté aux heures de repos données quatre fois aux chevaux pour se nourrir et respirer, faisait quatorze heures. Ils entrèrent dans la ville et le car s'arrêta devant l'Hôtel du Commerce.

La porte du car s'ouvrit. Un bruit bien connu fit sursauter tous les passagers ; c'était le bruit d'un fourreau sur le trottoir. C'est alors que la voix d'un Allemand appela quelque chose.

Même si le car était à l'arrêt, personne n'en est descendu, comme s'ils s'attendaient à être massacrés dès qu'ils descendraient du car. Puis le chauffeur apparut, tenant à la main une de ses lanternes qui éclaira soudain l'intérieur de la voiture et ferra deux rangées de visages effrayés, la bouche grande ouverte et les yeux grands ouverts de surprise et de terreur.

A côté du cocher, en pleine lumière, se tenait un officier allemand, un grand jeune homme, extrêmement maigre et blond, lacé dans son uniforme aussi serré qu'une fille dans son corset, et portant de côté sa casquette plate et cirée qui donnait lui l'apparence d'un porteur dans un hôtel anglais. Sa moustache exagérée, longue et droite, s'effilant indéfiniment des deux côtés et se terminant par un seul cheveu blond, si fin qu'on n'en voyait pas la pointe, semblait peser aux commissures de sa bouche et rabaissant ses joues, imprimée sur les lèvres. un pli tombant.

En français alsacien, il invita les voyageurs à descendre en disant d'un ton raide : — « Voulez-vous descendre, mesdames et messieurs ? » —

Les deux bonnes sœurs obéirent d'abord avec la docilité des saintes femmes habituées à la soumission. Le Comte et la Comtesse apparurent ensuite, suivis du fabricant et de sa femme, puis de Loiseau poussant devant lui sa plus grande et meilleure moitié.

Loiseau, en descendant, dit à l'officier : « Bonjour, Monsieur ! motivé par un sentiment de prudence bien plus que de politesse. L'officier, insolent comme tous les hommes détenant une autorité absolue, le regarda et ne répondit pas.

Boule de Suif et Cornudet , quoique près de la porte du carrosse, furent les derniers à descendre, sérieux et dignes en présence de l'ennemi. La jeune fille corpulente essayait de se contrôler et de rester calme ; le démocrate, d'une main tragique et un peu tremblante, tourmentait sa barbe rousse. Ils voulaient conserver leur dignité, étant pleinement conscients du fait que dans de telles réunions chacun représente un peu son pays ; et toutes deux également révoltées par la mollesse de leurs compagnes, elle essayait de se montrer plus fière que ses voisines, les honnêtes femmes, tandis que lui, comprenant qu'il devait un exemple, continuait dans toute son attitude sa mission de résistance, assumée d'abord lorsqu'il miné et détruit les autoroutes.

Ils entrèrent dans la spacieuse cuisine de l'auberge, et l'Allemand, après avoir réclamé et inspecté le permis de sortie de Rouen signé par le général en chef, dans lequel étaient mentionnés les noms, la description et la profession de chaque voyageur, les examina longuement. , en comparant les personnes avec les informations écrites.

Il dit brusquement : « Très bien ! » et il disparut.

Puis ils respirèrent librement. Ils avaient encore faim ; le souper fut commandé. Il fallait une demi-heure pour le préparer ; et pendant que deux domestiques étaient apparemment occupés à le préparer, les voyageurs montèrent à l'étage pour jeter un coup d'œil à leurs chambres. Ils se trouvaient tous dans un long hall se terminant par une porte vitrée marquée d'un numéro parlant.

Ils allaient se mettre à table pour souper, lorsque le propriétaire de l'auberge parut. C'était un ancien marchand de chevaux, un homme corpulent et asthmatique, toujours sifflant, toussant et raclant la gorge. Son père lui avait transmis le nom de Follenvie .

Il a demandé :

« Mademoiselle Elisabeth Rousset ? » — commença Boule de Suif ; elle se retourna :

-"C'est mon nom!"-

— "Mademoiselle, l'officier prussien veut vous parler immédiatement."

-"Tome?"

— "Oui, si vous êtes Mlle Elisabeth Rousset ?"

Elle s'inquiéta, réfléchit un instant, puis déclara carrément : « C'est possible, mais je n'irai pas.

Il y eut un mouvement autour d'elle ; chacun discuta et spécula sur la cause de cet ordre. Le Comte s'approcha d'elle :

— "Vous vous trompez, Madame, car votre refus pourrait causer des ennuis considérables non seulement à vous mais aussi à tous vos compagnons de voyage. Nous ne devons jamais résister aux plus forts. Assurément, votre obéissance à cet ordre ne peut comporter aucun danger; sans doute vous êtes recherché pour quelque formalité oubliée"—

Tous se joignirent au comte pour la presser, la presser, lui faire la leçon et finalement ils la convainquirent ; car tous redoutaient les complications qui pourraient résulter de son insubordination. Elle dit enfin :

— "Je fais ça pour toi, ne l'oublie pas."

La comtesse lui prit la main :

—"Et nous vous en remercions."—

Elle est sortie. Tous attendirent son retour avant de se mettre à table.

Chacun regrettait de n'avoir pas été appelé à la place de cette fille violente et irascible, et préparait mentalement les platitudes qu'il prononcerait au cas où on l'appellerait à son tour.

Mais au bout de dix minutes, elle revint, essoufflée, rouge à suffocation, exaspérée. Elle balbutiait : — « Oh ! la Canaille ! la Canaille ! »[*]

[*][Note de Brett : Cela se traduit, en gros, par "Oh ! le voyou ! le voyou !"]

Tous se précipitèrent vers elle pour savoir ce qui s'était passé, mais elle ne dit rien, et comme le comte insistait, elle répondit avec beaucoup de dignité : — " Non , cela ne vous regarde pas ; je ne peux pas parler..."

Puis ils prirent place autour d'une haute soupière d'où s'échappait une odeur de chou. Malgré ce fâcheux incident, le souper fut joyeux. Le cidre était bon ; les époux Loiseau et les Sœurs en buvaient avec économie. les autres commandèrent du vin. Cornudet réclama une bouteille de bière. Il avait une manière particulière de déboucher la bouteille, de faire mousser la bière, de l'examiner en inclinant son verre, qu'il soulevait ensuite entre la lampe et ses yeux pour mieux en apprécier la couleur. En buvant, sa longue barbe, qui avait gardé la couleur de son breuvage favori, semblait trembler de joie ; ses yeux plissaient dans son effort pour ne pas perdre de vue son verre, et il avait l'air de remplir la seule fonction pour laquelle il avait été créé. On aurait pu croire qu'il établissait dans son esprit une relation et une sorte d'affinité entre les deux grandes passions qui ont occupé toute sa vie : la Pale Ale et la

Révolution ; et certainement il ne pouvait goûter le premier sans rêver au second.

M. et Mme Follenvie dînaient à l'autre bout de la table, l'homme, crépitant comme une locomotive en panne , était trop essoufflé pour parler en mangeant ; mais la femme ne gardait jamais le silence. Elle raconta toutes ses impressions sur l'arrivée des Prussiens, ce qu'ils faisaient, ce qu'ils disaient, les exécrant d'abord parce qu'ils leur coûtaient de l'argent, ensuite parce qu'elle avait deux fils dans l'armée . Elle s'adressa surtout à la comtesse , flattée de l'occasion de causer avec une dame de qualité.

Puis elle baissait la voix pour aborder des sujets délicats, et son mari l'interrompait de temps en temps : — « Vous feriez mieux de vous taire, madame Follenvie ! » — Mais elle ne prêtait aucune attention à ses remontrances et continuait :

— "Oui, Madame, ces gens-là ne font que manger des pommes de terre et du porc, et encore du porc et des pommes de terre. Et il ne faut pas croire qu'ils sont propres. Oh, non, en effet non ! — Ils salissent et salissent tout, permettez-moi l' expression . ... Et si vous les voyiez forer des heures et des jours ! Ils sont tous là, dans un champ, et marchent en avant et marchent en arrière, et tournent d'un côté et de l'autre. Si du moins ils cultivaient la terre, ou travaillaient les chemins , dans leur pays ! — Mais non, Madame, ces soldats ne sont bons à rien ; quel dommage que les pauvres gens les travaillent et les nourrissent et qu'ils n'apprennent qu'à massacrer ! — Je ne suis qu'une vieille femme sans instruction, cela C'est vrai, mais en les voyant s'épuiser à marcher du matin au soir, je me dis : « Quand il y a tant de gens qui font tant de découvertes pour servir le peuple, pourquoi d'autres se donneraient-ils tant de peine pour lui nuire ? ? En vérité, n'est-il pas abominable de tuer des gens, qu'ils soient Prussiens, ou Anglais, ou Polonais ou Français ? Si vous vous vengez de quelqu'un qui vous a fait du tort, c'est déjà assez grave, car vous êtes condamné à la prison, mais quand nos garçons sont exterminés comme un gibier, à coups de fusil, ça doit aller, parce que les décorations sont données à celui qui tue le plus... Non, en effet, je ne pourrai jamais le comprendre.

Cornudet éleva la voix :

— « La guerre est barbare lorsqu'on attaque un voisin pacifique ; c'est un devoir sacré lorsqu'on la mène pour défendre son pays. »

La vieille femme baissa la tête.

— " Oui , en légitime défense, c'est une autre affaire, mais ne faudrait-il pas plutôt tuer tous les rois qui font la guerre pour leur propre plaisir ?"

— Les yeux de Cornudet brillèrent :

— "Bravo, citoyenne [*]!" a-t-il dit.

[*][Note de Brett : Cela se traduit, en gros, par « citoyen »]

M. Carré-Lamadon était en profonde méditation. Bien qu'admiratrice fanatique de généraux illustres, le bon sens de cette paysanne lui faisait penser à l'opulence qui amènerait dans un pays tant de mains aujourd'hui oisives et nécessairement ruineuses, tant de forces maintenues improductives, si elles étaient employées aux grands travaux industriels . des entreprises qui, au rythme actuel, prendraient des siècles à être réalisées.

Mais Loiseau, quittant sa place, alla parler tout bas à l'aubergiste. Le gros homme riait, toussait et crachait. Son estomac énorme tremblait de gaieté aux plaisanteries de son voisin, et il lui acheta six tonneaux de bordeaux pour les livrer au printemps, après le départ des Prussiens.

A peine eurent-ils fini de souper qu'ils se retirèrent, car ils étaient tous fatigués.

Cependant Loiseau, qui avait surveillé ce qui se passait, envoya sa femme se coucher ; puis il appuya tantôt son oreille, tantôt son œil sur le trou de la serrure pour tenter de découvrir ce qu'il appelait « les mystères de la salle ».

Au bout d'une heure environ, il entendit un bruissement, jeta un coup d'œil rapide et aperçut Boule de Suif , qui paraissait encore plus corpulente dans une robe de chambre en cachemire bleu bordée de dentelle blanche. Elle tenait une bougie à la main et se dirigeait droit vers la pièce à l'autre bout du couloir portant un numéro bien en vue. Mais une porte latérale s'ouvrit, et quand, au bout de quelques minutes, elle revint, Cornudet , en manches de chemise et en bretelles, la suivait. Boule de Suif semblait lui refuser énergiquement l'accès à sa chambre. Malheureusement Loiseau n'entendait pas ce qu'ils disaient, mais à la fin, à mesure qu'ils élevaient la voix, il parvint à saisir quelques mots. Cornudet insistait avec empressement :

— " Voyons, tu es bête ! qu'est-ce que ça t'importe ? " -

Elle parut indignée et répondit :

— "Non, mon ami, il y a des moments où on ne peut pas faire de telles choses, et pourquoi, ici, ce serait dommage !"

Apparemment, il n'a pas compris et a demandé pourquoi. — Alors elle s'est excitée et, parlant plus fort, elle a dit :

— "Pourquoi ? Vous ne comprenez pas pourquoi ? Quand les Prussiens sont dans la maison, peut-être dans la pièce à côté ?" Il avait un journal qu'il dépliait sur ses genoux. Une coquine qui se refusait aux sollicitations d'un homme alors qu'ils étaient près de l'ennemi, devait éveiller dans son cœur sa dignité défaillante, car, après l'avoir embrassée, il rentrait furtivement dans sa chambre.

Loiseau, tout excité, quitta le trou de la serrure, et sauta rapidement dans le lit conjugal pour chercher du réconfort auprès de la dure carcasse de sa fiancée.

Puis toute la maison devint silencieuse. Mais bientôt il surgit de quelque part, d'une direction indéterminée, qui pouvait être aussi bien la cave que le grenier, un puissant ronflement monotone, un bruit profond et prolongé, comme le battement d'une chaudière sous pression : M. Follenvie dormait.

Comme il avait été décidé qu'ils commenceraient le lendemain matin à huit heures, à cette heure-là tout le monde était à la cuisine ; mais la voiture, dont le capot formait un toit de neige, se tenait solitaire au milieu de la cour, sans chevaux et sans cocher. On chercha en vain ces derniers dans l'écurie, les granges et la remise. Alors tous les hommes décidèrent de parcourir le pays et se mirent en route. Ils se trouvèrent sur la place, avec l'église au fond, et des deux côtés des maisons basses où l'on apercevait des soldats prussiens. Le premier qu'ils virent était en train d'éplucher des pommes de terre ; plus loin, le second lavait le salon de coiffure. Un autre, barbu jusqu'aux yeux, embrassait un enfant qui pleurait et le berçait à genoux pour l'apaiser ; de grosses paysannes, dont les maris étaient « dans l'armée combattante », montraient par le langage des signes à leurs obéissants conquérants le travail qu'elles avaient à accomplir : couper du bois, préparer la soupe, moudre le café ; l'un d'eux faisait même la lessive pour son hôtesse, une grand-mère impuissante.

Le comte, surpris, interrogea le bedeau qui sortait du presbytère. Le vieux rat d'Église répondit : « Oh ! ceux d'ici ne sont pas méchants ; ce ne sont pas des Prussiens, à ce que j'entends. Ils viennent de plus loin, je ne sais pas exactement d'où ; et ils ont tous laissé femmes et enfants à chez eux ; ils n'aiment pas tellement la guerre, je vous l'assure ; je suis sûr que là-bas ils pleurent leurs hommes ; et la guerre leur causera bien des ennuis, comme à nous. Ici au moins nous ne sommes pas si mal lotis pour " Le présent, parce que les soldats ne nous font pas de mal et qu'ils travaillent comme s'ils étaient chez eux. Vous voyez, Monsieur, nous les pauvres, nous devons nous entraider. Ce sont les riches qui font la guerre. "

Cornudet , indigné de l'entente cordiale établie entre les vainqueurs et les vaincus, s'en alla, préférant s'enfermer dans l'auberge. Loiseau plaisantait : « Ils repeuplent le pays ». M. Carré-Lamadon , plus sérieux, intervint : — « Ils réparent. Mais ils n'ont pas pu retrouver le chauffeur. Finalement ils le découvrirent au Café du village, fraternisant et buvant avec l'infirmier de l'officier prussien. Le Comte interpola :

— "N'aviez-vous pas reçu l'ordre de préparer la voiture pour huit heures ?"

— "Oh oui, mais j'ai reçu d'autres commandes depuis."

— "Quels ordres ?"

— "Ne pas atteler les chevaux du tout."

— "Qui vous a donné cet ordre ?"

— "Sur ma foi, le commandant prussien."

-"Pourquoi?"

— "Je ne sais pas. Allez lui demander. Il m'est interdit d'atteler les chevaux et je ne le fais pas, c'est tout."

— « Est-ce qu'il vous l'a dit lui-même ?

— "Non. Monsieur, c'est l'aubergiste qui m'a donné la commande pour lui."

— "Quand l'a-t-il donné ?"

— "Hier soir, au moment où j'allais me coucher !"

Les trois hommes furent très alarmés.

On appela M. Follenvie , mais le domestique leur dit qu'à cause de son asthme, ce monsieur ne se levait jamais avant dix heures. Il avait même laissé des ordres formels de ne pas le réveiller plus tôt, sauf en cas d'incendie.

On voulait voir l'officier, mais c'était absolument impossible, bien qu'il logeât à l'auberge. M. Follenvie seul était autorisé à lui parler des affaires civiles. Puis ils ont attendu. Les femmes montaient dans leurs chambres et s'occupaient de leurs bagatelles.

Cornudet s'assit et s'installa confortablement devant la haute cheminée de la cuisine, où flambait un grand feu. Il y fit apporter une des petites tables du Café, commanda une cruche de bière et sortit sa pipe qui, chez les démocrates, jouissait d'une considération presque égale à la sienne, comme si elle eût servi le pays en servant Cornudet . C'était une superbe pipe en écume de mer, admirablement noircie, noire comme les dents de son maître, mais parfumée, bien courbée, brillante, familière à sa main et complétant sa physionomie. Et il restait immobile, les yeux fixés tantôt sur la flamme du feu, tantôt sur l'écume qui couronnait sa cruche ; et chaque fois, après avoir bu, il passait, d'un air de satisfaction, ses doigts longs et maigres dans ses cheveux gras et flottants, pendant qu'il suçait sa moustache bordée d'écume.

Loiseau, sous prétexte de se dégourdir les jambes, sortit vendre du vin aux marchands du village. Le comte et le fabricant commencèrent à parler politique. Ils prédisaient l'avenir de la France. L'un gardait foi dans la dynastie d'Orléans, l'autre attendait un sauveur inconnu, un héros qui se relèverait quand tout serait désespéré : un Duguseclin , une Jeanne d'Arc peut-être ? ou un autre Napoléon le Grand ? — « Ah ! si le prince impérial n'avait pas été si jeune ! » — Cornudet écoutant leur conversation, souriait comme un homme qui détient les clefs du destin. — Sa pipe parfumait toute la cuisine.

Comme dix heures sonnaient, M. Follenvie apparut. Il fut aussitôt interrogé, mais il ne répéta que deux ou trois fois, sans aucune variation, les mots suivants : — « L'officier me l'a dit ! » — « Monsieur Follenvie , vous défendrez au conducteur d'atteler la voiture de ces voyageurs pour " - demain matin. Je ne veux pas qu'ils partent sans ma commande. Tu comprends ? Ça suffit ! "

Ensuite, ils ont voulu voir l'officier. Le Comte envoya sa carte sur laquelle M. Carré-Lamadon inscrivit son propre nom et tous ses titres. Le Prussien fit dire que les deux hommes seraient admis à lui parler après son déjeuner, c'est-à-dire vers une heure.

Les dames sont descendues et elles ont toutes mangé une bouchée, malgré leur anxiété. Boule de Suif semblait malade et prodigieusement inquiète.

Ils finissaient leur café, lorsque l'infirmier vint appeler ces messieurs. Loiseau se joignit aux deux premiers, mais comme ils essayaient d'engager Cornudet à les accompagner pour ajouter plus de solennité à leur candidature, il déclara fièrement qu'il ne comptait pas avoir de relations avec les Allemands ; et il reprit sa place près de la cheminée, en commandant une autre cruche de bière.

Les trois hommes montèrent et furent introduits dans la plus belle pièce de l'auberge, dans laquelle l'officier les reçut, étendu sur un fauteuil, les pieds appuyés sur la cheminée, et fumant une longue pipe de porcelaine, enveloppé dans un peignoir flamboyant, sans doute volé dans la demeure abandonnée d'un bourgeois sans goût. Il ne s'est pas levé, il ne les a pas non plus salués ni regardés. C'était un magnifique spécimen de l'insolence naturelle des soldats victorieux.

Après quelques secondes, il dit dans son français défectueux :

-"Que veux-tu?"

Le comte parla : « Nous désirons continuer notre voyage, Monsieur.

-"Non!"

— « Puis-je demander quelle est la raison de ce refus ?

— "Parce que je ne veux pas."

— "J'attire respectueusement votre attention sur le fait, Monsieur, que votre général en chef nous a délivré un permis pour aller à Dieppe, et je ne crois pas que nous ayons fait quoi que ce soit qui mérite vos rigueurs."

— "Je ne veux pas te laisser partir, c'est tout ; tu peux prendre ta retraite !"

Après s'être inclinés, tous trois se retirèrent.

Ils passèrent un après-midi misérable. Ils ne pouvaient en aucune façon s'expliquer le caprice de cet Allemand, et les idées les plus singulières leur tourmentaient la tête. Tout le monde restait dans la cuisine et il y avait des discussions sans fin pour imaginer les choses les plus improbables. Peut-être voulaient-ils les retenir en otages – mais dans quel but ? – ou les emmener comme prisonniers ? ou plutôt leur demander une forte rançon ? à cette pensée, ils furent pris de panique. Les plus riches étaient les plus alarmés, se voyant déjà obligés, pour racheter leur vie, de verser des sacs d'or entre les mains de cet insolent soldat. Ils se sont creusé la tête pour trouver des mensonges plausibles et acceptables, dissimulent leurs richesses, se font passer pour très pauvres, très pauvres. Loiseau ôta sa montre et sa chaîne et les cacha dans sa poche. La nuit qui approchait les remplissait d'appréhension. La lampe était allumée, et comme il leur restait encore deux heures avant le dîner, Mme Loiseau proposa une partie de trente -et-un. Ce serait une diversion. Ils ont accepté. Même Cornudet , après avoir éteint sa pipe, se joignit à la fête par politesse.

Le comte mélangea les cartes et distribua les cartes ; Boule de Suif en avait trente et un au complet ; et bientôt l'intérêt pour le jeu apaisa les craintes qui hantaient les esprits. Mais Cornudet s'aperçoit que les époux Loiseau s'étaient arrangés pour tricher.

Comme ils allaient se mettre à table, M. Follenvie reparut et annonça de sa voix grinçante : « L'officier prussien m'envoie demander à Mlle Elisabeth Rousset si elle a changé d'avis ?

Boule de Suif restait immobile, pâle comme la mort. Puis, devenant soudainement cramoisie, elle se sentit tellement étouffée par la colère qu'elle ne pouvait plus parler. Elle finit par haleter : « Vous voudrez bien dire à ce coquin, à ce coquin, à ce charognard de Prussien, que je n'y consentirai jamais ; vous comprenez, jamais, jamais, jamais !

Le gros aubergiste s'en alla. Alors Boule de Suif fut entourée, interrogée, sollicitée par tout le monde pour révéler le mystère de sa visite. Elle a d'abord résisté, mais bientôt l'exaspération l' a emporté. — « Qu'est-ce qu'il veut ?... qu'est-ce qu'il veut ?.... Il veut que je lui tienne compagnie », s'est-elle exclamée. Personne n'a été choqué par cette révélation, tant leur indignation était grande. Cornudet cassa sa cruche en la frappant sur la table. Il y eut une clameur générale de réprobation contre l'ignoble soldat, un relâchement de colère, un rassemblement de tous pour la résistance, comme si chacun des partis eût été appelé à faire le sacrifice demandé à Boule de Suif . Le Comte déclarait tout comme les barbares des temps anciens. Les femmes témoignèrent spécialement à Boule de Suif une commisération affectueuse et énergique. Les bonnes sœurs qui ne se présentaient qu'à l'heure des repas, avaient baissé la tête et n'avaient rien dit.

Ils dînèrent cependant dès que la première fureur fut calmée, mais ils parlèrent peu.

Les dames se retirèrent de bonne heure ; et les hommes, tout en fumant, organisèrent une partie d' écarté et invitèrent M. Follenvie à se joindre à eux, car ils voulaient l'interroger habilement sur les moyens à utiliser pour vaincre la résistance de l'officier. mais il avait l'esprit concentré sur les cartes ; il n'entendait rien, ne répondait rien et répétait : « Attention au jeu, messieurs ! soyez attentif au jeu ! » - Son attention était si tendue qu'il oubliait même d'cracher, ce qui produisait parfois un sifflement dans l'oreille . sa poitrine comme les sons d'un orgue. Ses poumons sifflants exprimaient toutes les notes de la gamme asthmatique, depuis les tons profonds et creux jusqu'au chant aigu des jeunes coqs essayant de chanter.

Il refusa même de monter lorsque sa femme, accablée par le sommeil, vint le chercher. Puis elle est partie toute seule, car elle se levait tôt et se levait avec le soleil, alors que son mari restait tard, toujours prêt à passer la nuit avec des amis. Il lui cria : « Mets mon lait de poule près du feu ! » et continua le jeu. Quand les voyageurs virent qu'ils ne pouvaient rien en tirer, ils annoncèrent qu'il était temps de se retirer, et ils se couchèrent tous.

Ils se levèrent de très bonne heure le lendemain matin, avec un vague espoir, un plus grand désir de pouvoir continuer leur voyage et la crainte de devoir passer une journée de plus dans cette misérable petite auberge. Hélas! les chevaux restaient à l'écurie, le cocher était invisible. N'ayant rien de mieux à faire, ils allèrent errer autour du carrosse.

Le déjeuner fut très sombre, et il y avait eu un refroidissement général envers Boule de Suif , car la nuit, qui apporte conseil, avait quelque peu modifié leur jugement. Ils en voulaient presque à la jeune fille de ne pas s'être rendue subrepticement chez l'officier prussien pour faire une agréable surprise à ses compagnons à leur réveil. Rien de plus simple ! D'ailleurs, qui l'aurait soupçonné ? Elle aurait pu sauver les apparences en faisant dire à l'officier qu'il avait eu pitié de leur détresse. Pour elle, cela n'aurait eu que peu d'importance.

Mais personne n'a encore exprimé de telles pensées.

L'après-midi, comme ils s'ennuyaient à mourir, le comte proposa de faire une promenade dans le village. Chacun s'emmitoufla soigneusement et la petite compagnie partit, à l'exception de Cornudet , qui préférait rester près du feu, et des bonnes religieuses qui passaient leurs journées à l'église ou à la maison paroissiale.

Le froid, de plus en plus intense de jour en jour, mordait impitoyablement le nez et les oreilles des promeneurs ; leurs pieds leur faisaient tellement mal que chaque pas était un supplice ; et quand le pays s'ouvrit devant eux, il paraissait si affreusement lugubre sous l'immensité du drap blanc, qu'ils revinrent tous sur leurs pas en toute hâte, l'âme glacée et le cœur lourd.

Les quatre femmes marchaient devant et les trois hommes les suivaient un peu en arrière.

Loiseau, qui comprenait très bien la situation, demanda tout à coup si cette « fille » allait les retenir encore longtemps dans un tel endroit. Le Comte, toujours courtois, comprit qu'on ne pouvait pas s'attendre à un sacrifice aussi douloureux de la part d'une femme, et que l'offre devait émaner d'elle. Monsieur Carré-Lamadon fait remarquer que si les Français entreprenaient, comme le disait le bruit, une contre-offensive par Dieppe, la bataille se déroulerait certainement à Tôtes . Cette remarque rendit les deux autres très anxieux : « Et si vous essayiez de vous échapper à pied ? suggéra Loiseau. Le comte haussa les épaules : « Il n'en est pas question dans cette neige et avec nos femmes ! Et d'ailleurs nous serions immédiatement poursuivis, rattrapés en dix minutes et ramenés prisonniers, à la merci des soldats. » c'était vrai. Il y eut à nouveau le silence.

Les dames parlaient toilette, mais une certaine contrainte semblait les séparer.

Soudain, l'officier est apparu au bout de la rue. Sur la neige qui délimitait l'horizon, sa grande silhouette en uniforme, semblable à une guêpe, se dessinait ; il marchait, les genoux écartés, avec ce mouvement particulier aux soldats soucieux de ne pas salir leurs bottes soigneusement cirées.

Il s'inclinait en passant devant les dames, et regardait avec mépris les hommes qui, il faut le reconnaître, avaient assez de dignité pour ne pas lever leur chapeau, quoique Loiseau fit un geste pour se coiffer.

Boule de Suif rougit jusqu'aux oreilles, et les trois femmes mariées se sentirent très humiliées d'avoir été accueillies par l'officier alors qu'elles étaient en compagnie de cette fille qu'il avait traitée sans ménagement.

Puis on parla de lui, de sa silhouette et de son visage. Madame Carré-Lamadon , qui avait connu beaucoup d'officiers et qui les jugeait en connaisseur, trouvait que celui-ci n'était pas si mal en somme ; elle regrettait même qu'il ne soit pas français, car il aurait fait un très beau mari dont toutes les femmes seraient tombées amoureuses.

Une fois de retour à l'auberge, ils ne savaient que faire d'eux-mêmes. Même des paroles acerbes ont été échangées sur des sujets insignifiants. Le dîner silencieux ne dura pas longtemps et chacun monta se coucher, dans l'espoir de dormir plus longtemps.

Le lendemain matin , ils revinrent avec des visages fatigués et un caractère exaspéré. Les femmes ne parlaient presque pas à Boule de Suif .

Une cloche d'église se mit à sonner ; c'était pour un baptême. Boule de Suif a eu un enfant élevé chez des paysans à Yvetot . Elle ne le voyait même pas une fois par an et n'y pensait jamais ; mais l'idée de celle qui allait être baptisée développa pour elle une tendresse soudaine et violente et elle insista absolument pour se rendre à la cérémonie.

Dès qu'elle fut partie, ceux qui restèrent se regardèrent et rapprochèrent leurs chaises, car ils sentaient qu'il leur fallait enfin prendre une décision. — Loiseau eut une inspiration : il proposa de proposer à l'officier. garder Boule de Suif seulement et laisser partir les autres.

M. Follenvie entreprit de nouveau de transmettre le message, mais il descendit presque immédiatement. L'Allemand, qui connaissait la nature humaine, l'avait expulsé de sa chambre. Il entendait garder tout le monde aussi longtemps que ses souhaits n'auraient pas été exaucés.

Alors le caractère vulgaire de madame Loiseau se déchaîna : « Et pourtant nous n'allons pas mourir de vieillesse ici ! Puisque c'est le métier de cette renarde de le faire avec tous les hommes, je crois qu'elle n'a pas le droit d'en refuser un plutôt. qu'un autre. Imaginez, elle a pris tout ce qu'elle a trouvé à Rouen, même des cochers, oui, Madame, le cocher de la Préfecture ; je le sais pertinemment, car il nous achète son vin. Et maintenant qu'il s'agit pour nous tirer d'affaire, elle prend des airs vertueux, la terne ! Je trouve que l'Officier se comporte très bien. Peut-être s'est-il abstenu longtemps, et nous voilà trois qu'il aurait certainement préféré. Mais non, il se contente de la fille qui est du domaine public. Il respecte les femmes mariées. Pensez-y, c'est lui le maître ici. Il lui suffisait de dire : "Je veux" et il aurait pu nous prendre par force, avec l'aide de ses soldats.

Les deux autres femmes frémirent légèrement. Les yeux de la jolie Madame Carré-Lamadon pétillaient, et elle pâlissait un peu, comme si elle se sentait déjà prise de force par l'officier.

Les hommes qui discutaient entre eux s'approchèrent d'eux. Loiseau, excité, voulut livrer à l'ennemi cette « misérable femme », pieds et poings liés. Mais le comte, issu de trois générations d'ambassadeurs et doté d'un physique de diplomate, prônait plus de tact et de persuasion : « Il faut la persuader », dit-il.

Puis ils ont conspiré.

Les femmes se rapprochèrent les unes des autres ; le ton de leurs voix baissa et la discussion devint générale, chacune donnant son avis. C'était d'ailleurs tout à fait exact. Les dames trouvaient spécialement des euphémismes délicats, des subtilités d'expression charmantes pour dire les choses les plus choquantes. Un étranger n'aurait rien compris, tant les précautions de langage étaient bien observées. Mais comme le mince vernis de pudeur dont est munie toute femme du monde ne couvre que la surface, elles se sont montrées véritablement dans cette misérable aventure, et en fait s'amusaient énormément, se sentant dans leur élément. , manier l'amour avec la volupté d'un cuisinier gourmand qui prépare le dîner pour quelqu'un d'autre.

[*][Note de Brett : Je pense que c'est un excellent jeu de mots, bien que involontaire. "Pudor" signifie "honte" en espagnol, mais ce sens rend la phrase difficile à lire (au mieux), même si elle transmet l'intention. Je pense que le mot voulu est "poudre", mais j'ai laissé l'original au cas où je me tromperais]

Leur gaieté revint d'elle-même, tant, après tout, tout cet incident leur paraissait amusant. Le comte trouvait des mots d'esprit un peu risqués, mais si intelligemment racontés qu'ils provoquaient des sourires. Loiseau, à son tour, lançait des plaisanteries plus larges, qui ne choquaient pas les auditeurs ; et la pensée brutalement exprimée par sa femme prédominait dans tous les esprits : « Puisque c'est son affaire, pourquoi la jeune fille refuserait-elle tel homme plutôt qu'un autre ? » — La jolie Mme. Carré-Lamadon semblait même encline à penser qu'à sa place elle refuserait celle-ci moins que toute autre.

Le blocus était soigneusement préparé, comme s'il s'agissait d'assiéger une forteresse. Chacun acceptait de jouer le rôle qui lui était assigné, les arguments à utiliser, les manœuvres à exécuter. Ils décidèrent du plan d'attaque, des stratagèmes et de l'assaut surprise à tenter pour contraindre cette citadelle vivante à recevoir l'ennemi.

Cornudet restait cependant à l'écart, ne voulant absolument pas participer à ce complot.

Les esprits étaient si tendus dans ce projet que personne n'entendit entrer Boule de Suif . Mais le comte murmura doucement : « Chut ! ce qui a amené tous les yeux à lever les yeux. Elle était là. Il y eut un silence soudain et un certain embarras les empêcha d'abord de lui parler. La comtesse ayant plus que les autres l'habitude des duplicités de salon, l'interrogea : — « Le baptême était-il intéressant ?... »

La jeune fille, encore émue, racontait tout, décrivait les visages, les attitudes et même l'apparence de l'Église. Elle ajouta : — « Ça fait tant de bien de prier quelquefois !... »

Cependant, jusqu'à l'heure du déjeuner, les dames se limitaient à être gentilles avec elle afin qu'elle se sente plus confiante et plus réceptive à leurs avances.

Dès qu'ils se mirent à table pour le déjeuner, l'attaque préliminaire fut lancée. Ce fut d'abord une vague discussion sur le sacrifice de soi. Ils citent des exemples de l'Histoire ancienne, comme Judith et Holophern , puis, sans aucune raison, Lucrèce avec Sextus , Cléopâtre qui admettait dans son intimité tous les généraux ennemis et les réduisait à une servilité servile. Puis fut proposée une histoire fantaisiste, née de l'imagination de ces millionnaires ignorants, et selon laquelle des matrones romaines allaient à Capoue et berçaient Hannibal dans leurs bras, et avec lui ses lieutenants et les phalanges de ses mercenaires. Ils citent toutes les femmes qui avaient arrêté des conquérants, transformé leurs corps en champs de bataille, en moyen de conquête, en arme, qui par leurs caresses héroïques avaient vaincu des êtres effrayants et exécrés, et avaient sacrifié leur chasteté à la vengeance et au dévouement patriotique.

On parla même, à mots voilés, de cette dame anglaise de noble famille, qui s'était laissé inoculer une maladie horrible et contagieuse, qu'elle voulait communiquer à Bonaparte, et comment celui-ci avait été miraculeusement sauvé par un malaise soudain. lors du rendez-vous fatal.

Et tout cela était raconté sans dépasser les limites de la bienséance et de la modération, avec elle et là une manifestation réfléchie d'enthousiasme destinée à provoquer l'émulation.

On aurait finalement laissé croire que la seule mission de la femme sur cette terre était un sacrifice perpétuel de sa personne, une offrande continuelle d'elle-même aux caprices des soldats ennemis.

Les deux religieuses ne semblaient pas entendre cette conversation, perdues dans leurs pensées profondes. Boule de Suif se tut.

Tout l'après-midi, elle fut laissée à elle-même. Mais au lieu de l'appeler « Madame » comme ils le faisaient jusqu'alors, ils l'appelaient mademoiselle, on ne savait pourquoi, comme s'ils voulaient la rabaisser d'un échelon dans leur estime qu'elle avait gravie, et lui faire sentir sa situation honteuse. .

Pendant qu'on servait la soupe, M. Follenvie reparut et répéta sa phrase de la veille : « L'officier prussien m'envoie savoir si mademoiselle Elisabeth Rousset n'a pas encore changé d'avis ?

Boule de Suif répondit sèchement : « Non, Monsieur.

Mais au dîner, la coalition s'affaiblit. Loiseau prononça trois phrases malheureuses. Chacun se creusait la tête pour trouver de nouveaux exemples et n'en trouva pas, lorsque la comtesse, peut-être sans préméditation, poussée par un vague désir de rendre hommage à la religion, interrogea l'aînée des deux religieuses sur les faits les plus marquants de la vie de les Saints. — Or, beaucoup de Saints avaient commis des actes qui seraient à nos yeux des crimes ; mais l'Église absout facilement de telles transgressions lorsqu'elles sont commises pour la gloire de Dieu et l'amour du prochain. C'était un argument puissant ; la comtesse en profita. Alors, soit par une de ces ententes tacites, ces complaisances voilées dans lesquelles excelle quiconque porte l'habit clérical, soit par une bêtise heureuse, une sottise serviable , la vieille religieuse apporta un formidable appui à la conspiration. Ils la trouvaient timide ; elle se montrait audacieuse, bavarde, violente. Celui-ci n'a pas été troublé par les hésitations de la casuistique ; sa doctrine semblait être une barre de fer ; sa foi n'a jamais hésité ; sa conscience n'avait aucun scrupule. Elle trouvait tout à fait naturel le sacrifice d'Abraham, car elle aurait immédiatement tué son père et sa mère si elle avait reçu l'ordre du ciel de le faire ; et, à son avis, rien ne pourrait déplaire à Dieu si le motif était louable. La comtesse , profitant de l'autorité sacrée de son complice inattendu, l'amena à faire une sorte de paraphrase édifiante de cet axiome de morale : « La fin justifie les moyens ».

Elle l'interrogea :

— "Alors, ma sœur, vous pensez que Dieu accepte toutes les méthodes et pardonne l'acte lorsque le motif est pur ?"

— "Qui pourrait en douter, Madame ? Une action condamnable en elle-même devient souvent méritoire par la pensée qui l'inspire."

Et ils continuèrent ainsi, dénouant les intentions de Dieu, prévoyant ses jugements et l'incitant à s'intéresser à des choses qui ne le concernaient pas du tout.

Tout cela a été exposé de manière voilée, astucieuse, discrète et insinuante. Mais chaque parole de la sainte femme en cornet faisait une brèche dans la résistance indignée de la courtisane. Puis la conversation dérivant un peu, la femme au chapelet suspendu parla des couvents de son Ordre, de sa supérieure, d'elle-même et de sa charmante voisine, la chère sœur Saint-Nicephore. Ils avaient été appelés au Havre pour soigner dans les hôpitaux des centaines de soldats atteints de la variole. Elle les décrivit, ces misérables victimes, et donna des détails sur leur maladie. Et tandis qu'ils avaient été arrêtés en route par les caprices de cet officier prussien, un grand nombre de Français, qu'ils auraient probablement sauvés, pouvaient mourir. C'était sa spécialité de soigner les soldats ; elle avait été en Crimée, en Italie, en Autriche, et racontant ses campagnes, elle se révéla inopinément une de ces religieuses friandes de tambours et de clairons, qui semblent avoir été créées pour suivre les armées en action, pour choisir les soldats. pendant les vicissitudes des batailles, et, mieux qu'un général, dompter d'un seul mot les soldats rudes et insoumis ; une véritable religieuse martiale et belliqueuse, dont le visage ridé et creusé ressemblait à une image des dévastations de la guerre.

Personne ne prononça un mot après qu'elle eut terminé, tant l'effet de son discours semblait excellent.

Dès que le repas fut terminé, ils montèrent rapidement dans leurs chambres et redescendirent le lendemain matin assez tard.

Le déjeuner s'est déroulé tranquillement. Ils donnaient à la graine semée le temps de germer et de porter ses fruits.

La comtesse proposa de faire une promenade dans l'après-midi ; puis le comte, comme convenu auparavant, tendit le bras à Boule de Suif et marcha avec elle à quelque distance derrière elle.

Il lui parlait sur ce ton familier, paternel et légèrement méprisant que prennent les hommes calmes lorsqu'ils parlent avec des femmes aux mœurs lâches, l'appelant : « ma chère enfant », la traitant du haut de sa position sociale, de son honnêteté incontestable. Il entre directement dans le vif du sujet :

— « Vous préférez donc nous laisser ici exposés comme vous à toutes les violences qui résulteraient d'une défaite de l'armée prussienne, plutôt que de consentir à une de ces complaisances que vous avez eues si souvent dans votre vie » —

Boule de Suif ne répondit pas.

Il a essayé la gentillesse, le raisonnement, le sentiment. Il parvient à rester « Monsieur le Comte » tout en se montrant galant, quand il le faut, flatteur, aimable. Il loua avec exaltation les services qu'elle leur rendrait, parla de leur gratitude, puis tout à coup, utilisant gaiement le « tu » familier : « Et tu sais, ma chère, qu'il pourrait être fier d'avoir goûté aux charmes d'une si jolie fille. comme il n'en trouvera pas souvent dans son propre pays.

Boule de Suif ne répondit pas et rejoignit le reste de la fête.

Dès leur retour à l'auberge, elle monta dans sa chambre et ne fut plus revue. Il y avait une anxiété extrême. Qu'allait-elle faire ? Si elle résistait, quel embarras pour eux tous ?

L'heure du dîner sonna ; ils l'attendirent en vain. Alors M. Follenvie entra et annonça que Mademoiselle Rousset ne se sentait pas bien et qu'ils pourraient se mettre à table pour dîner. Ils ont tous dressé les oreilles. Le comte s'approcha de l'aubergiste et lui murmura : « Est-ce que ça va ? — « Oui ».

Par souci de convenance, il ne dit rien à ses compagnons, mais leur fit un léger signe de tête. Aussitôt un grand soupir de soulagement s'éleva de toutes les poitrines ; la joie illuminait tous les visages. Loiseau s'écria : « Par Jupiter, j'offrirai du champagne s'il en reste dans cette maison ! » — Et Madame Loiseau eut un pincement au cœur lorsque l'aubergiste revint avec quatre bouteilles à la main. Tout le monde était soudain devenu communicatif et joyeux ; une vive joie remplissait les cœurs. Le comte parut remarquer que Mme Carré-Lamadon était charmante ; le fabricant fit des compliments à la comtesse ; la conversation était vive, gaie et pleine de bons mots.

Tout à coup Loiseau, le visage alarmé, leva les bras et cria : « Silence ! Ils cessèrent tous de parler, furent surpris et même effrayés. Puis il a écouté et a dit « Chut ! » faisant signe avec ses deux mains, leva les yeux au plafond, écouta encore et, de sa voix naturelle, il reprit : "N'aie pas peur, tout va bien !"

Ils hésitaient à comprendre ce qu'il voulait dire, mais bientôt un sourire illumina tous les visages.

Au bout d'un quart d'heure, il recommença la même farce et la répéta souvent dans la soirée ; fit-il comme s'il appelait une personne au deuxième étage et lui donnait des conseils équivoques tirés de son imagination de voyageur de commerce. Parfois il prenait un air sombre et soupirait : « Pauvre fille ! » — ou il murmurait entre ses dents, d'un air maussade : — « Coquin de Prussien ! » — Plusieurs fois, quand les autres n'y pensaient pas, il criait à plusieurs reprises d'une voix vibrante : « Assez ! Assez ! et il ajouta comme pour monologuer : « Pourvu qu'on la revoie et que ce misérable ne la tue pas !

Même si de telles plaisanteries étaient de très mauvais goût, elles amusaient plus qu'elles ne choquaient l'entreprise, car l'indignation, comme tout le reste, dépend du milieu, et l'atmosphère qui s'était peu à peu développée autour d'elles était chargée de pensées coquines.

Au dessert, même les femmes se livraient à des allusions spirituelles et discrètes. Leurs yeux étaient brillants et brillants ; ils avaient beaucoup bu. Le Comte qui, même dans ses moments de détente, gardait une apparence digne, trouvait une comparaison avec la fin de l'hiver dans les régions polaires et la joie des marins naufragés quand ils voient une voie ouverte vers le Sud ; et cette comparaison a été grandement appréciée.

Loiseau, réchauffé, se leva, une coupe de champagne à la main : — « Je bois à notre délivrance ! » — Tout le monde se leva ; il a été acclamé. Même les deux bonnes sœurs, pressées par les dames, consentirent à se mouiller les lèvres avec le vin mousseux qu'elles n'avaient jamais goûté. Ils déclarèrent que cela avait le goût d'une limonade pétillante, mais qu'elle était plus fine.

Loiseau résume la situation :

— " Quel dommage qu'il n'y ait pas de piano ! On aurait pu danser un quadrille ! " —

Cornudet n'avait pas dit un seul mot, ni fait un seul geste ; il semblait même plongé dans des pensées très sérieuses, et tirait de temps en temps avec fureur sa longue barbe comme s'il voulait l'allonger. Enfin, vers minuit, comme ils allaient se séparer, Loiseau, qui chancelait, lui donna brusquement une claque sur le ventre et balbutia : — Tu n'es pas d'humeur gaie ce soir, tu ne parles pas beaucoup, citoyen . " - Mais Cornudet releva vivement la tête et jetant un regard rapide et terrible sur la société, cria justement : - " Je vous le dis à tous, vous avez eu une conduite infâme ! " - Il se leva, se dirigea vers la porte et répéta encore une fois. : "Infâme!" et il a disparu.

Cela a fait froid dans le dos au début. Loiseau, déconcerté, restait imbécile ; mais il reprit contenance, puis se mit soudain à rire et à répéter : « Raisins aigres ! mon cher Monsieur, raisins aigres ! » — La compagnie ne comprit pas ce qu'il voulait dire ; il expliqua les « mystères de la salle ». Puis ce fut une reprise d'une formidable gaieté. Les dames étaient extrêmement amusées. Le Comte et M. Carré-Lamadon ont ri aux larmes. Ils n'en croyaient pas leurs oreilles.

— "Pourquoi ! tu es sûr ? Il voulait" - "Je te dis que je l'ai vu de mes propres yeux."

— "Et elle a refusé ?"

— "Parce que le Prussien était dans la pièce à côté."

-"Est-il possible?"

—"Je jure que c'est vrai!"—

Le comte s'étouffait de rire. Le fabricant se serrait le ventre avec ses mains.

—"Et tu comprends, ce soir, il ne trouve pas ça drôle du tout."—

Et tous trois se remirent à rire, s'étouffant, essoufflés.

Là-dessus, ils se retirèrent. Mais Mme Loiseau, qui avait le caractère épineux d'une ortie, dit à son mari, au moment où ils allaient se coucher : « Cette petite madame Carré-Lamadon a ri toute la soirée d'un air trompeur.

"Vous savez, pour les femmes, quand elles courent après les uniformes, cela ne fait aucune différence que les uniformes soient français ou prussiens. Quel dommage, oh Seigneur !"

Et toute la nuit, dans l'obscurité de la salle, il y eut des bruits légers comme des tremblements, à peine audibles, semblables à des murmures, des contacts de pieds nus, des craquements imperceptibles . Et ils s'endormirent assez tard, certes, car des rayons de lumière se voyaient longtemps sous les portes. Le champagne a de tels effets ; Je comprends que cela perturbe le sommeil.

Le lendemain matin, un brillant soleil d'hiver rendait la neige éblouissante. La voiture, enfin attelée, attendait à la porte, tandis qu'une armée de pigeons blancs, enchâssés dans leurs plumes blanches, avec leurs yeux roses tachetés au milieu de petits points noirs, se promenaient tranquillement entre les jambes des six chevaux et piochaient. leur nourriture du fumier fumant qu'ils répandaient.

Le cocher, enveloppé dans son manteau en peau de mouton, était assis sur son siège, fumant la pipe, et tous les voyageurs, radieux, faisaient préparer des provisions pour le reste du voyage.

Boule de Suif seulement n'était pas descendue. Elle est apparue.

Elle semblait plutôt confuse, timide ; timidement, elle s'approcha de ses compagnes qui, toutes d'un même mouvement, se détournèrent d'elle comme si elles ne l'avaient pas vue. Le Comte, digne, prit sa femme par le bras et la soustraya à ce contact impur.

La jeune fille resta immobile, stupéfaite ; puis, reprenant tout son courage, elle s'adressa à la femme du fabricant en lui disant : « Bonjour, Madame ! » et murmura humblement. L'autre ne répondit que par un bref et impertinent hochement de tête accompagné d'un regard de vertu indignée. Tout le monde semblait occupé et se tenait à l'écart d'elle comme si elle portait des germes infectieux dans sa jupe. Puis ils se précipitèrent vers la voiture dans laquelle elle monta la dernière, sans être aidée par personne, et elle prit silencieusement la place qu'elle avait occupée pendant la dernière partie du voyage.

Ils feignaient de ne pas la voir, de ne pas la connaître ; mais Mme. Loiseau, la regardant de loin avec indignation, dit à mi-voix à son mari : — « Heureusement, je ne suis pas assis à côté d'elle. » —

La lourde voiture démarra et le voyage reprit.

Au début, personne ne parlait. Boule de Suif n'osait lever les yeux. En même temps , elle se sentait indignée contre tous ses compagnons et humiliée d'avoir cédé à l'officier prussien dans les bras duquel ils l'avaient hypocritement contrainte.

Mais la comtesse, se tournant vers Madame Carré-Lamadon , rompit bientôt ce douloureux silence.

— "Je crois que vous avez connu Madame d'Estrelles ."

— "Oui, c'est une de mes amies."

— "Quelle femme charmante !"

— "Fascinant ! Vraiment d'une nature choisie, en plus très instruite, et artiste jusqu'au bout des doigts. Elle chante délicieusement et peint à la perfection."

Le fabricant causait avec le comte, et au milieu du fracas des vitres, on entendait çà et là un mot : « Coupon – échéance – prime – terme... »

Loiseau, qui avait volé à l'auberge le vieux jeu de cartes, graisseux après cinq années de frottement sur des tables sales, commença une partie de « bézigue » avec sa femme.

Les bonnes sœurs tirèrent de leur ceinture les longs chapelets, firent simultanément le signe de croix et tout à coup leurs lèvres se mirent à remuer rapidement, devenant de plus en plus accélérées, précipitant leur vague murmure comme dans une course d'« oraisons » ; et de temps en temps ils embrassaient une médaille, se signaient de nouveau et reprenaient leurs marmonnements rapides et continus.

Cornudet restait immobile et plongé dans ses pensées. Après trois heures de voyage, Loiseau reprit ses cartes et dit : — J'ai faim. Alors sa femme tendit la main vers un paquet d'où elle tira un morceau de veau froid. Elle le coupa soigneusement en tranches fines et nettes et tous deux commencèrent à manger.

— « Pourquoi ne devrions-nous pas faire de même ? » — dit la comtesse . D'un commun accord, elle déballa les provisions préparées pour les deux couples. Dans un de ces plats ovales, dont le couvercle porte un lièvre de porcelaine, pour montrer qu'il y a un pâté de lièvre à l'intérieur, il y avait des charcuteries exquises, les filets blancs de saindoux traversant la viande brune du gibier, mêlée à d'autres viandes finement hachées . Un beau morceau de fromage suisse, enveloppé dans un journal, avait pris sur sa surface grasse l' empreinte : « Articles divers ».

Les deux sœurs ouvrirent un morceau de saucisse qui sentait l'ail ; et Cornudet plongeant en même temps ses deux mains dans les grandes poches de son paletot ample, tira de l'une quatre œufs durs et de l'autre la croûte d'un pain. Il enleva les coquilles, les jeta sous ses pieds, sur la paille, et se mit à mordre les œufs avec voracité, laissant tomber sur sa grande barbe des petits morceaux de jaune jaunâtre qui ressemblaient à des étoiles.

Boule de Suif , dans la hâte et le désordre de son départ, n'avait pas songé à prendre des provisions ; et exaspérée, suffoquant de rage, elle regardait tous ces gens qui mangeaient de bon cœur. D'abord une colère tumultueuse la secoua, et elle ouvrit la bouche pour leur dire ce qu'elle pensait d'eux dans une vague d'insultes qui montèrent à ses lèvres ; mais elle ne pouvait pas parler, tant elle était exaspérée d'indignation.

Personne ne la regardait, ne prêtait attention à elle. Elle se sentait noyée dans le mépris de ces honnêtes coquins qui l'avaient d'abord sacrifiée puis rejetée comme une chose impure et inutile. Puis elle pensa à son grand panier plein de bonnes choses, qu'ils avaient dévoré goulûment, à ses deux poulets brillants en gelée, à ses pâtisseries, à ses poires, à ses quatre bouteilles de bordeaux ; et tout à coup, sa fureur s'étant éteinte, comme une corde trop tendue, elle eut envie de pleurer. Elle fit des efforts terribles ; se raidit, ravala ses sanglots comme des enfants, mais les larmes coulaient, brillaient au bord de ses paupières, et bientôt deux grosses larmes s'échappant de ses yeux coulèrent lentement sur ses joues. D'autres les suivirent plus rapidement, courant comme des gouttes d'eau filtrant à travers les rochers et tombant régulièrement sur la courbe arrondie de sa poitrine. Elle restait debout, les yeux immobiles, le visage rigide et pâle, espérant que les autres ne la remarqueraient pas.

Mais la comtesse s'en aperçut et attira l'attention de son mari d'un signe. Il haussa les épaules comme pour dire : « Que puis-je faire ? Ce n'est pas ma faute ! » Madame Loiseau eut un rire silencieux de triomphe et murmura : « Elle pleure de honte ! »

Les deux bonnes sœurs avaient repris leurs prières après avoir roulé dans un papier le reste de leur saucisson.

Alors Cornudet , qui digérait les œufs, étendit ses longues jambes sous le siège, se redressa, croisa les bras, sourit comme un homme qui a pensé à une bonne plaisanterie et se mit à siffler la Marseillaise.

Les visages de tous les autres s'assombrirent. Décidément, la chanson populaire ne plaisait pas à ses voisins. Ils devenaient nerveux, agités et semblaient prêts à hurler comme des chiens qui entendent un orgue de Barbarie. Il l'a remarqué, ne s'est pas arrêté. Parfois, il prononçait même les mots :

Amour sacré de la patrie ,
Conduis , soutiens , nos bras vengeurs ,
Liberté, liberté chérie ,
Combats avec tes défenseurs .

La neige étant plus dure, la voiture roulait plus vite, et jusqu'à Dieppe, pendant les longues heures mornes du voyage, à travers les bousculades de la route, au crépuscule, puis dans l'obscurité épaisse de la voiture, il continua sa route. avec une obstination farouche son sifflement monotone et vengeur, obligeant les auditeurs fatigués et exaspérés à suivre l'hymne d'un bout à l'autre, à se souvenir de chaque mot qui accompagnait chaque mesure.

Et Boule de Suif pleurait toujours ; et parfois un sanglot qu'elle ne pouvait retenir passait entre deux vers dans la nuit.

FINI

9 789358 810905

Printed at Repro India Ltd.